westermann

*Strate**go** 6*

Übungen zum Rechtschreiben

Erarbeitet von:

Roland Henke

Illustriert von:

Matthias Berghahn

So trainierst du deine Rechtschreibung mit **Stratego 6**:

1. **Wiederhole** dein **Wissen** mithilfe der hellgrünen Seiten. Der Kasten oben beschreibt immer ein **Rechtschreibproblem**. Vor allem verrät er dir **Strategien**, um das Rechtschreibproblem zu lösen. Danach kannst du die Strategien in verschiedenen Aufgaben ausprobieren und üben. Die kleinen Symbole am Rand weisen dich auf die **Strategien** hin. Manche Aufgaben bieten dir **zusätzliche Hilfen** über einen **QR-Code**. Er steht immer unten auf der Seite. Scanne den QR-Code mithilfe eines Smartphones, um die Hilfe abzurufen.

2. Auf den pinkfarbenen Seiten findest du weitere Aufgaben, um dein **Wissen selbstständig anzuwenden**.

3. **Überprüfe** dein **Wissen** mithilfe der Aufgaben auf den dunkelgrünen Seiten. Gleiche dann deine Antworten mithilfe des **Lösungsblattes** ab. Für jede richtig gelöste Aufgabe erhältst du Punkte. Zähle sie am Ende zusammen. Je mehr Punkte du hast, desto besser!

4. Mit dem **Selbsteinschätzungsbogen** behältst du den Überblick über dein Lernen:
   - Kreuze die Einheiten an, die du bearbeitet hast.
   - Schätze dann dein Können ein.

   Wenn du dich bei einem Rechtschreibproblem noch unsicher fühlst, kannst du **über** einen **Webcode weitere Übungen** abrufen.

5. Am Ende des Heftes findest du eine **Übersicht mit allen Strategien** und eine **Liste mit schwierigen Wörtern**. Du kannst sie heraustrennen und zum Nachschlagen nutzen.

Wir wünschen dir viel Erfolg!

Bildquellen: Berghahn, Matthias, Bielefeld: 6.1, 8.1, 12.1, 17.1, 28.1, 28.2, 28.3, 28.4, 29.1, 29.2, 29.3, 39.1, 45.1. | fotolia.com, New York: Auerbach, A. 40.1. | Henke, Roland: 36.1. | iStockphoto.com, Calgary: BirdImages 32.1; kmn-network 41.1; Pranithan Chorruangsak Titel; sewer11 14.1. | stock.adobe.com, Dublin: Klobo 21.1; Lindert-Rottke, Antje 9.1.

© 2025 Westermann Bildungsmedien Verlag GmbH, Georg-Westermann-Allee 66, 38104 Braunschweig
service@westermann.de, www.westermann.de

Druck A³ / Jahr 2025
Alle Drucke der Serie A sind im Unterricht parallel verwendbar.

Die Seiten dieses Produkts bestehen zu 100 % aus Altpapier.

Damit tragen wir dazu bei, dass Wald geschützt wird, Ressourcen geschont werden und der Einsatz von Chemikalien reduziert wird. Die Produktion eines Klassensatzes unserer Arbeitshefte aus reinem Altpapier spart durchschnittlich 12 Kilogramm Holz und 178 Liter Wasser, sie vermeidet 7 Kilogramm Abfall und reduziert den Ausstoß von Kohlendioxid im Vergleich zu einem Klassensatz aus Frischfaserpapier. Unser Recyclingpapier ist nach den Richtlinien des Blauen Engels zertifiziert.

Redaktion: Nicole Rösingh, Jemgum-Holtgaste
Illustrationen: Matthias Berghahn, Bielefeld
Umschlaggestaltung und Layout: zweiband.media Agentur für Mediengestaltung und -produktion GmbH, Berlin
Druck und Bindung: Westermann Druck GmbH, Georg-Westermann-Allee 66, 38104 Braunschweig

ISBN 978-3-14-124136-5

Inhaltsverzeichnis

💡 Auf die Silben eines Wortes achten

- Wörter bestehen aus **einer Silbe** (*das Rad*) oder aus **mehreren Silben** (*das Kin der lauf rad*).
- Vokale und Umlaute in der ersten Silbe eines Wortes sprichst du **kurz** oder **lang**:
  - In **einsilbigen Wörtern** mit **einem Konsonanten am Ende**
    sprichst du den Vokal oder Umlaut meist **lang**: *das Rad, der Hut*.
  - In **einsilbigen Wörtern** mit **mehreren Konsonanten am Ende**
    sprichst du den Vokal oder Umlaut meist **kurz**: *der Helm, er lenkt*.
- So ermittelst du die **Länge** des Vokals oder Umlauts **in mehrsilbigen Wörtern**:
  - Gliedere das **Wort in Silben**. Nutze dazu die Strategie **Silben schwingen** (s. S. 51):
    das Au ge, der Kar ton.
  - Untersuche die erste Silbe mit der Strategie **Lange und kurze Vokale/Umlaute erkennen**:
    a) **Endet die Silbe** mit einem **Vokal** oder **Umlaut**? Dann ist die Silbe **offen**.
       Du sprichst den Vokal oder Umlaut **lang**: *das Au ge*. Kennzeichne ihn mit einer Linie.
    b) **Endet die Silbe** mit einem **Konsonanten**? Dann ist die Silbe **geschlossen**.
       Du sprichst den Vokal oder Umlaut **kurz**: *der Kar ton*. Kennzeichne ihn mit einem Punkt.

1 Wie viele Silben haben diese Wörter? Nutze die Strategie **Silben schwingen**:

1) Fahrrad ( )	5) Klingel ( )	9) Vorderrad ( )
2) Rücklicht ( )	6) Lenker ( )	10) Gepäckträger ( )
3) Hinterrad ( )	7) Bremse ( )	11) Gangschaltung ( )
4) Speichen ( )	8) Felgenschloss ( )	12) Pedalen ( )

a) Sprich die Wörter laut aus. Setze dabei unter jede Silbe einen Silbenbogen.
   Tipp: Du kannst dir die Wörter auch anhören. Öffne dazu den QR-Code mit einem Handy.
b) Setze hinter die Wörter die Zahl der Silben ein.

2 Je sechs Wörter haben einen langen und einen kurzen Vokal/Umlaut:

Lampe	Leine	Tasche	Tinte	Salat	Salbe
Bude	Bande	Suppe	Soße	Pappe	Papier

a) Gliedere die Wörter in Silben. Wende dazu die Strategie **Silben schwingen** an.
b) Endet die erste Silbe mit einem Vokal, einem Umlaut oder einem Konsonanten?
   Markiere den oder die Buchstaben farbig: *die Ga bel, die Ket te*.
c) Kennzeichne lange Vokale oder Umlaute mit einer Linie.
   Kurze Vokale oder Umlaute markierst du mit einem Punkt: *die Ga bel, die Ket te*.
d) Schreibe die Wörter ab und ordne sie den richtigen Überschriften zu.

Wörter mit **offener** Silbe: _____

_____

Wörter mit **geschlossener** Silbe: _____

_____

Audio
WES-124136-028

💡 Wörter mit Doppelkonsonanten erkennen

- Bei Wörtern mit Doppelkonsonanten wird der **Vokal** oder **Umlaut in der ersten Silbe kurz gesprochen** (→ geschlossene Silbe) und du hörst nur einen Konsonanten: *die Rol le*, *schwim men*.
- So erkennst du die Schreibung mit einem Doppelkonsonanten:
  - Gliedere das **Wort in Silben**: *wir nen nen*, *wir tan zen*, *sie lü gen*.
  - Untersuche, ob der **Vokal** oder **Umlaut in der ersten Silbe lang** oder **kurz** ist. Markiere **kurze Vokale/Umlaute** mit einem **Punkt** und **lange Vokale/Umlaute** mit einem **Strich**: *wir nen nen*, *wir tan zen*, *sie lü gen*.
  - Hörst du nach dem kurzen Vokal/Umlaut nur einen Konsonanten, verdoppelst du ihn: *wir nen nen*.
- Meistens schreibt man verwandte Wörter gleich: *kämmen → er kämmte*.
- Manchmal ändert sich aber die Schreibweise bei verwandten Wörtern. Die Schreibung richtet sich dann nach der Länge/Kürze des Vokals/Umlauts in der betonten Silbe: *Wir kom men. → Wir ka men.*

---

1   Einfacher Konsonant oder Doppelkonsonant?
  a) Setze entweder einen Konsonanten oder einen Doppelkonsonanten in die Lücken ein.
  Tipp: Du kannst dir die Wörter auch anhören. Öffne dazu den QR-Code mit einem Handy.
  b) Überprüfe dein Ergebnis mit den Strategien **Silben schwingen** und **Lange und kurze Vokale/Umlaute erkennen**. Schreibe auf die Linien: *hu pen, zap peln*.

d/dd	pa ____ eln	_____	ra ____ eln	_____
t/tt	wa ____ en	_____	we ____ en	_____
s/ss	ra ____ en	_____	la ____ en	_____
l/ll	be ____ en	_____	ma ____ en	_____

2   Die folgenden verwandten Verben werden mit einem Konsonanten oder mit einem Doppelkonsonanten geschrieben. Vervollständige die Verben mit den fehlenden Buchstaben. Markiere die Doppelkonsonanten gelb.

Gegenwart	Vergangenheit	Perfekt
sie bittet	sie bat	sie hat gebe ____
sie fä ____	sie fiel	sie ist gefa ____
sie tri ____	sie tra ____	sie hat getreten
sie strei ____	sie stri ____	sie hat (sich) gestritten

3   Setze die fett gedruckten Verben in die Gegenwartsform.

Der nächste Zug **kam** _____ erst um 19.00 Uhr. Um die Wartezeit zu überbrücken,

griff _____ Sandra in ihre Tasche und **nahm** _____ ihr Handy raus.

Doch dann **fiel** _____ ihr ein, dass auf dem Nachbargleis ein anderer Zug

früher abfahren würde. Schnell **ließ** _____ sie ihr Handy wieder in der Tasche

verschwinden, um dann loszurennen.

💡 Wörter mit ck und k richtig schreiben

- Nach einem **kurzen Vokal/Umlaut** (→ geschlossene Silbe) schreibst du ein Wort wie *Jacke* nicht mit kk, sondern mit **ck**. (Ausnahme: Fremdwörter wie *Sakko*.)
- Steht **vor dem k** ein **langer Vokal**, **Umlaut** oder **Zwielaut**, schreibst du **k**: *pau ken, das La ken*.
- Steht **vor dem k** ein **anderer Konsonant**, schreibst du ebenfalls nur **k**: *har ken, sin ken*.
- So erkennst du die Schreibung mit **ck** oder **k**:
  - Gliedere das Wort in Silben: *pac ken, der Schin ken, hei kel*.
  - Untersuche, ob die **erste Silbe geschlossen** oder **offen** ist:
    Markiere den **kurzen Vokal/Umlaut** mit einem **Punkt**: *pac ken, der Schin ken*.
    Den **langen Vokal**, **Umlaut** oder **Zwielaut** markierst du mit einem **Strich**: *hei kel*.
  - Stelle fest, ob **vor dem k** ein **Konsonant** steht: *der Schinken*.
  - Auch die Strategie **Ableiten** (s. S. 51) hilft dir: *der Stecker → stecken*.
- Wichtig: Wenn du Silben schwingst, gliederst du ein Wort in Sprechsilben. Dann kannst du auch ck trennen. Bei der Worttrennung am Zeilenende (s. S. 47) muss ck immer zusammenbleiben.

1 a) Setze in die Verben ein k oder ck ein. Nutze dabei die Strategien
Silben schwingen und **Lange und kurze Vokale erkennen**.
Tipp: Du kannst dir die Wörter auch anhören. Öffne dazu den QR-Code mit einem Handy.

qua____en   har____en   kle____ern   ho____en   tan____en   e____eln

schau____eln   fun____eln   wa____eln   par____en   tor____eln   stri____en

win____en   blö____en   strei____en   hä____eln   zu____en   schlu____en

b) Ordne die Verben den Überschriften richtig zu.

Verben mit einem **langen Vokal**, **Umlaut** oder **Zwielaut vor dem k**

_____

Verben mit einem **Konsonanten vor dem k**

_____

Verben mit einem **kurzen Vokal** oder **Umlaut vor dem ck**

_____

2 a) Setze in die Lücken das fehlende *k* oder *ck* ein.
b) Überprüfe dein Ergebnis: Setze unter die kurzen Vokale einen Punkt.
Unterstreiche den langen Vokal oder Umlaut.

Maja gu____te aus dem Fenster. Sie beobachtete, wie sich

ihre Katze in der Sonne rä____elte. Nach dem Sonnenbad

ho____te sie sich hin und pa____te mit ihrer Tatze nach einem

Gegenstand. Irgendetwas befand sich in einer Lu____e in der

Hauswand. Sollte dort eine Maus sein? Durch das Fenster konnte

Maja nichts erbli____en. Sie hörte aber etwas quie____en

Audio
WES-124136-030

💡 Wörter mit tz und z richtig schreiben

- Nach einem **kurzen Vokal/Umlaut** (→ geschlossene Silbe) schreibst du ein Wort wie *Katze* nicht mit zz, sondern mit **tz**. (Ausnahme: Fremdwörter wie *Pizza*.)
- Steht **vor dem z** ein **langer Vokal/Zwielaut**, schreibst du **z**: *die Bre zel, die Kreu zung.*
- Steht **vor dem z** ein **anderer Konsonant**, schreibst du ebenfalls nur **z**: *der Ran zen, die Wur zel.*
- So erkennst du die Schreibung mit **tz** oder **z**:
  - Gliedere das Wort in Silben: *die Kat ze, rei zen, die Wan ze.*
  - Untersuche, ob die **erste Silbe geschlossen** oder **offen** ist:
    Markiere den **kurzen Vokal/Umlaut** mit einem **Punkt**: *die Kat ze, die Wan ze.* •
    Den **langen Vokal/Zwielaut** markierst du mit einem **Strich**: *rei zen.*
  - Stelle fest, ob **vor dem z ein anderer Konsonant** steht: *die Wanze.*
  - Auch die Strategie **Ableiten** hilft dir. Suche nach verwandten Wörtern: das *Holz → abholzen.* ⚡

1 **a)** Setze in die Verben ein z oder tz ein. Nutze dabei die Strategien
Silben schwingen und **Lange und kurze Vokale**/*Umlaute erkennen*.
Tipp: Du kannst dir die Wörter auch anhören. Öffne dazu den QR-Code mit einem Handy.

hei____en	schmel____en	schü____en
rei____en	ri____en	sal____en
kreu____en	schwän____en	pu____en
schnäu____en	gei____en	scher____en
kür____en	he____en	schni____en

b) Ordne die Verben den Überschriften richtig zu.

Verben mit einem **langen Vokal** oder **Zwielaut vor dem z**

_____

Verben mit einem **Konsonanten vor dem z**

_____

Verben mit einem **kurzen Vokal** oder **Umlaut vor dem tz**

_____

2 Finde zu den Verben verwandte Nomen. Nutze die Strategie **Ableiten**. ⚡

schützen _____	scherzen _____
platzen _____	glänzen _____
spritzen _____	tanzen _____
stürzen _____	walzen _____
schätzen _____	salzen _____
heizen _____	geizen _____

Wörter mit ss und ß richtig schreiben

- Die Vokallänge zeigt dir, ob du ein Wort mit ss oder mit ß schreiben musst:
  - **Nach kurzem Vokal oder Umlaut** schreibst du den s-Laut als **ss**: die *Klas se*, *fres sen*.
  - **Nach langem Vokal, Umlaut** oder **Zwielaut** (ei, ie, au, äu) schreibst du **ß**:
    die *Stra ße*, *flei ßig*.
- Die Strategien **Silben schwingen** und **Lange und kurze Vokale/Umlaute erkennen** helfen dir, wenn du dir bei der Schreibweise unsicher bist.
- **Verlängere** einsilbige Wörter (s. S. 51): *der Kuss → die Küs se, er lässt → wir las sen*.
- Auch die Strategie **Ableiten** (s. S. 51) hilft dir, denn Wörter einer Wortfamilie werden fast immer gleich geschrieben: *grüßen, der Gruß, die Grüße, gegrüßt*.
- Achtung: In manchen Wörtern derselben Wortfamilie ändert sich die Länge des Vokals/Umlauts. Dann ändert sich auch der s-Laut: *fließen → sie flossen, geflossen*.

1 ss oder ß?

a) Lies jedes Gedicht laut vor.
Tipp: Du kannst dir die Gedichte auch anhören.
Öffne dazu den QR-Code mit einem Handy. Achte auf die Länge/Kürze der Vokale/Umlaute.

b) Schreibe die fehlenden Buchstaben in die Lücken. Nutze die Strategien oben.

Der witzige Zoo-Elefant	Die arme Wasserratte
Der Elefant taucht seinen Rü ____ el	In einem gro ____ en Regenfa ____
ganz weit hinunter in die Schü ____ el.	'ne dicke Wa ____ erratte sa ____ .
Er saugt das Wa ____ er tief hinein,	Sie hatte daran gro ____ en Spa ____ ,
dann schie ____ t er's in die Leute rein.	obwohl sie war schon ziemlich na ____ .
Und alle werden pudelna ____ ,	In diesem Fa ____ drei Tage sie sa ____ ,
als sä ____ en sie in einem Fa ____ .	wie man da rauskommt, das sie verga ____ .

2 Immer drei Wörter gehören zu einer Wortfamilie.

a) Markiere die Wortfamilien mit unterschiedlichen Farben.

vergisst	geschlossen	Gerissenheit	genießt	schmiss
schließt	schmeißt	Vergesslichkeit	gerissen	genossen
reißt	Genuss	schloss	geschmissen	vergaß

b) Schreibe die Verben nach Wortfamilien geordnet auf. Markiere jeweils ss und ß.

genießen _____

schließen _____

reißen _____

schmeißen _____

vergessen _____

Audio
WES-124136-032

Wissen anwenden

1 In den Wortpaaren fehlt entweder l/ll oder t/tt. Setze die fehlenden Buchstaben ein.
Nutze die Strategien **Silben schwingen** und **Lange und kurze Vokale/Umlaute** erkennen.

rü____eln   rei____n   /   ei____en   fä____en

schrei____en   sa____eln   /   tei____en   erhe____en

schü____eln   hü____en   /   hei____en   ha____en

2 Setze in die Wortlücken des Textes die fehlenden Buchstaben richtig ein:
k oder **ck**, **b** oder **bb**, **l** oder **ll**, **m** oder **mm**, **n** oder **nn**, **ß** oder **ss**, **t** oder **tt**, **tz** oder **z**.

Seeadler

Der Seeadler ist ein sehr eindrucksvo____er Vogel. Mit nahezu
lautlosen Flügelschlägen sieht man ihn an Höhe gewi____en
und gela____en über Seen und Flü____en kreisen. Seine
Flügel spa____en sich über eine Wei____e von bis zu
2,5 Metern. Aus gro____er Höhe kann er auf der Suche nach schwi____ender Beute
mit seinen Adleraugen nach unten bli____en. Hat er sie erka____t, stür____t
er sich vom Hi____el nach unten. Dabei sprei____en sich seine Kra____en, um
seine Beute pa____en zu kö____en. Mit seinem spi____en Schna____el
zerrei____t er dann seinen Fang. Vor über 150 Jahren wollten die Menschen den Seeadler
ausro____en. Das ist a____erdings nicht geglü____t. Die Vogelart wurde
gere____et. Heute leben die meisten Seeadler im Norden Deutschlands, aber viele
beko____en ihn nicht zu Gesicht, da er Abstand zu Menschen hält.

3 Zerlege die Lückenwörter in ihre Silben. Unterstreiche dann den langen Vokal,
Zwielaut oder Umlaut. Den kurzen Vokal oder Umlaut markierst du mit einem Punkt.
Tipp: Verlängere einsilbige Wörter vorher.

_____

_____

_____

_____

_____

_____

 # Überprüfe dich selbst!

1 Drei der folgenden Aussagen sind richtig. Kreuze an.   /3

Vor einem Doppelkonsonanten steht ein kurz gesprochener Vokal/Umlaut. ☐

Vor einem Doppelkonsonanten steht ein lang gesprochener Vokal/Umlaut. ☐

Nach einem lang gesprochenen Vokal/Umlaut schreibst du *ck*. ☐

Nach einem kurz gesprochenen Vokal/Umlaut schreibst du *ck*. ☐

Nach einem lang gesprochenen Vokal/Umlaut schreibst du *z*. ☐

Nach einem kurz gesprochenen Vokal/Umlaut schreibst du *z*. ☐

2 Warum schreibt man *Fass* mit ss, aber Spaß mit ß?   /2
Begründe mithilfe der passenden Strategien.

3 Warum schreibt man *Fratze* mit tz, aber Warze mit z?   /2
Begründe mithilfe der passenden Strategien.

4 Die Verben *kommen* und *kamen* gehören zu derselben Wortfamilie. Trotzdem schreibt   /2
man sie einmal mit mm und einmal mit m. Begründe die veränderte Schreibweise.

5 ck oder k?
   a) Entscheide dich für eine Schreibweise und unterstreiche sie.   /6
   b) Begründe die Schreibweise mit einer Regel wie im Beispiel.   /6

Nina hat für ihre Reise schon alles *eingepakt*/*eingepackt*. | kurzer Vokal → ich schreibe ck

Ich weiß nicht warum, aber ich ekele/eckele mich vor Schlangen.

In seinem Kostüm sah Ole schreklich/schrecklich aus.

Im Stall konnte man das Blöken/Blöcken der Lämmer hören.

Bei unserer Tankstelle/Tanckstelle ändert sich der Preis ständig.

Der Marathonläufer torkelte/torckelte nur noch über die Ziellinie.

Gemächlich wakelte/wackelte eine Entenfamilie über die Straße.

/21

💡 Wörter mit ä/e richtig schreiben

- Wörter mit **ä** und **e** klingen ähnlich. Doch woher weiß man, dass man ein Wort wie *täglich* mit ä schreibt?
- Viele **Wörter mit ä** stammen von **verwandten Wörtern mit a** ab: *täglich → der Tag*.
  Du kannst dir die richtige Schreibweise also ableiten,
  wenn du die Schreibweise eines anderen Wortes aus derselben Wortfamilie kennst.
- So prüfst du die Schreibweise mit der Strategie **Ableiten**:
  – Überlege, ob ein **verwandtes Wort mit a** geschrieben wird.
  – Findest du ein verwandtes Wort mit a, schreibst du nicht e, sondern **ä**:
    *die B(**ä**/**e**)rte →* abgeleitetes Wort: *der Bart → die Bärte*.

---

1 Drei Wörter werden mit ä und drei Wörter werden mit e geschrieben.

kr(ä/e)ftig _____   ver(ä/e)rben _____

dr(ä/e)hen _____   erw(ä/e)rmen _____

verg(ä/e)blich _____   das Gel(ä/e)chter _____

a) Welche Wörter haben ein verwandtes Wort mit a? Schreibe sie neben die Wörter.
b) Schreibe alle sechs Wörter in der richtigen Schreibweise auf.

_____

_____

2 Schreibe zu jedem Wort ein verwandtes Wort mit a auf.

blättern _____   Geländer _____

gefährlich _____   tatsächlich _____

quälen _____   die Täler _____

gehässig _____   das Verständnis _____

3 Entscheide mithilfe der Strategie **Ableiten**, ob du ein ä oder ein e einsetzen musst.
Notiere das verwandte Wort daneben.

Das Klettern an einer Kletterwand ist auch für Geübte

nicht ganz ungef____hrlich.   _____

Die Hundemutter stupste ihr Junges ganz z____rtlich mit

mit der Schnauze zur Seite.   _____

Ein Klingeln an der Haustür be____ndete ihr

Telefongespräch.   _____

Sein Verhalten kam allen sehr verd____chtig vor.   _____

💡 Wörter mit äu/eu richtig schreiben

- Auch Wörter mit **äu** und **eu** klingen ähnlich. Doch woher weiß man, dass man ein Wort wie *Kräuter* mit äu schreibt?
- Viele **Wörter mit äu** stammen von **verwandten Wörtern mit au** ab: *die Kräuter → das Kraut.* Du kannst dir die richtige Schreibweise also ableiten, wenn du die Schreibweise eines anderen Wortes aus derselben Wortfamilie kennst.
- So prüfst du die Schreibweise mit **äu** (Strategie **Ableiten**):
  - Überlege, ob ein **verwandtes Wort mit au** geschrieben wird.
  - Findest du ein verwandtes Wort mit au, schreibst du nicht eu, sondern **äu**:
    *s(**äu/eu**)erlich* → abgeleitetes Wort: *sauer → säuerlich;*
    *F(**äu/eu**)ste* → abgeleitetes Wort: *die Faust → die Fäuste.*

---

1   Drei Wörter werden mit äu und drei Wörter werden mit eu geschrieben.

k(äu/eu)flich _____   verb(äu/eu)len _____

s(äu/eu)bern _____   bez(äu/eu)gen _____

ber(äu/eu)en _____   die Ger(äu/eu)sche _____

a) Welche Wörter haben ein verwandtes Wort mit au? Schreibe sie neben die Wörter.
b) Schreibe alle sechs Wörter in der richtigen Schreibweise auf.

_____

_____

2   Schreibe zu jedem Wort ein verwandtes Wort mit au auf.

das Gemäuer _____   bräunlich _____

räuberisch _____   die Fäuste _____

die Betäubung _____   die Zäune _____

ausräuchern _____   läuten _____

3   Welche Verben wurden hier abgeleitet? Schau dir die Wörter in Klammern an und schreibe die Ableitungen richtig in die Lücken.

Der junge Mann guckte seine Freundin ganz **ver** _____ **t** an. (der Traum)

Sie hatte ihre Haare mit dem neuen Shampoo **einge** _____ **t**. (der Schaum)

Pflanzen werden von vielen unterschiedlichen Insekten **be** _____ **t**. (der Staub)

Für die Renovierung musste sie alle Möbel **aus** _____ **en**. (der Raum)

1 Schreibe zu den Beispielen verwandte Wörter aus der Wortfamilie mit ä oder äu auf. ⚡

die Nahrung _____ der Strauch _____

der Tausch _____ die Macht _____

die Haut _____ der Anfang _____

außen _____ alt _____

2 Schreibe zu den Beispielen verwandte Wörter aus der Wortfamilie mit a oder au auf. ⚡

die Fäulnis _____ die Schränke _____

die Schläuche _____ die Erklärung _____

häufig _____ der Läufer _____

bläulich _____ läuten _____

bäuchlings _____ schnäuzen _____

3 Ergänze die Aussagen mit passenden Wörtern aus der jeweiligen Wortfamilie. ⚡

erbärmlich kommt von _____ *aufbäumen* kommt von _____

räumen kommt von _____ *träumen* kommt von _____

glänzen kommt von _____ *tänzeln* kommt von _____

säuerlich komm von _____ *bäuerlich* kommt von _____

4 Neun Wörter müssen mit ä oder äu geschrieben werden.

1) verlesslich   5) erfreulich   9) eußerlich   13) Bedeutung

2) scheußlich   6) Ernehrung   10) teuer   14) Erklerung

3) Meute   7) sperlich   11) anfeuern   15) Kreuter

4) prechtig   8) Scheune   12) lenglich   16) drengen

a) Markiere die falsch geschrieben Wörter.
b) Schreibe zu jedem Wort ein verwandtes Wort mit a oder au auf. ⚡

_____

_____

c) Schreibe die Wörter mit ä oder äu richtig auf.

_____

_____

🔍 Überprüfe dich selbst!

1 Welche beiden Aussagen sind richtig? Kreuze an. /2

Viele Wörter mit ä haben ein verwandtes Wort mit e. ☐

Viele Wörter mit ä haben ein verwandtes Wort mit a. ☐

Viele Wörter mit äu kann man auch mit eu schreiben. ☐

Viele Wörter mit äu haben ein verwandtes Wort mit au. ☐

2 a) Setze e oder ä in die Lücken ein. /4

A. Wenn wir unsere Gangart ver_____ndern, müssen wir nicht immer

schl_____ndern.

B. In jedem der vielen F_____cher standen mehr als 20 B_____cher.

b) Begründe deine Schreibweise und ergänze die beiden Sätze. /4

In Satz A) wird das Wort _____ mit ä geschrieben, weil es mit

dem Wort _____ verwandt ist.

In Satz B) wird das Wort _____ mit ä geschrieben, weil es mit

dem Wort _____ verwandt ist.

3 a) In jedem Satz befindet sich ein Fehler, in einem Satz sind es sogar zwei Fehler.
Markiere die Fehlerwörter.

Die Mönchsrobbe ist ein sehr scheues Seugetier.
Es war früher in allen Gewessern des Mittelmeers zu finden.
Doch die lange intensive Bejagung hat vieles verendert.
Früher haben die Robben ihre Jungen auch an Strenden
zur Welt gebracht, so wie Kegelrobben das häute noch machen.
Inzwischen ist ihnen das für sich und den Nachwuchs zu gefehrlich.
Sie leben nun in Höhlen und Grotten und jagen von dort
ihre Bäute im Meer.
Viele Mönchsrobben leben in den wermeren Meeresgebieten
um Griechenland.

b) Schreibe zu jedem Fehlerwort ein verwandtes Wort auf, sofern vorhanden. /6
Zu zwei Fehlerwörtern gibt es kein verwandtes Wort mit a/au.

_____

_____

c) Korrigiere die Fehlerwörter und schreibe sie richtig auf. /8

_____

/24

Wörter mit b, d, g am Ende richtig schreiben

- Bei vielen Wörtern **hörst** du ein **p, t** oder **k** am Ende.
  Sie werden aber **mit b, d** oder **g** geschrieben: *der Dieb, er fand, klug*.
- Mit der Strategie **Verlängern** hörst du die Buchstaben besser:
  - Bei **Nomen** bildest du die **Mehrzahl**: *der Die(b/p) → die Diebe*.
  - Bei **Verben** bildest du die **Wir-Form**: *er fan(d/t) → wir fanden*.
  - **Adjektive steigerst** du oder du setzt sie **vor ein Nomen**:
    klu(g/k) → klüger I das kluge Mädchen.

1 In den Verben fehlen die Buchstaben b, d und g.

| verschwan ____ | lü ____ | schrei ____ | stan ____ | betro ____ |
| schie ____ | la ____ | blie ____ | ban ____ | rie ____ |

a) Setze die fehlenden Buchstaben ein.
b) Verlängere die Verben. Schreibe sie dazu in der wir-Form auf.

verschwand → wir verschwanden, _____

_____

_____

_____

2 Verlängere die Wörter. Schreibe zu jedem Adjektiv eine Steigerungsform auf.

schräg – _____	trüb – _____	gesund – _____
lieb – _____	rund – _____	mutig – _____
blöd – _____	herb – _____	klug – _____

3 Schreibe die Verben in einer Form mit *er, sie* oder *es* auf.

wiegen → es _____	fragen → _____
liegen → _____	loben → _____
siegen → _____	toben → _____
schreiben → _____	treiben → _____

4 Jeweils ein Wort wird mit b oder p, d oder t, g oder k geschrieben.

das Elemen ____ → _____	der Abstan ____ → _____
der Schran ____ → _____	der Pflu ____ → _____
der Siru ____ → _____	der Sta ____ → _____

a) Wende die Strategie **Verlängern** an. Schreibe die Nomen in der Mehrzahl auf.
b) Schreibe die richtigen Buchstaben in die Lücken.

💡 Wörter mit silbentrennendem h erkennen

- In Wörtern mit silbentrennendem h **endet die erste Silbe mit einem Vokal** und die **zweite Silbe beginnt mit h**: _ge hen_.
- Dadurch wird das Wort besser lesbar.
- Diese Strategien helfen dir, das silbentrennende h zu erkennen:
  - Mit der Strategie **Silben schwingen** machst du das h in der zweiten Silbe hörbar: _dro hen_. ︶
  - Bei einsilbigen Wörtern hörst du das silbentrennende h nicht. **Verlängere** einsilbige Wörter. Verwende **Verben** in der **Wir-Form**: _er droht → wir dro hen_. ↪
    Bilde bei **Nomen** die **Mehrzahl**: _der Floh → die Flö he_.
    Verwende **Adjektive mit einem Nomen**: _früh → ein frü hes Ende_.
  - Das silbentrennende h bleibt **in verwandten Wörtern** erhalten. ⚡
    Nutze die Strategie **Ableiten**: _gedreht → die Drehung → drehend → verdreht_.

1 **a)** Schreibe zu jedem Wort in der Tabelle eine verlängerte Form ↪ ︶
in Silben gegliedert auf.
b) Notiere zu jedem Wort ein verwandtes Wort. Du kannst dazu ein Wörterbuch nutzen. ⚡

	Verlängerung	Ableitung
zieht	zie hen	Ziehung
verzeiht		
der Zeh		
steht		
mäht		
glüht		
nah		

2 Schreibe die Verben _leihen, drohen, ruhen, gehen, verstehen_ in der du-Form auf.
du leihst, du …

3 In jedem Satz befindet sich ein Fehler.
a) Markiere die Fehlerwörter. Nutze die Strategie **Silben schwingen**, ︶
um das silbentrennende h hörbar zu machen.
b) Schreibe das Fehlerwort und eine verlängerte Form des Fehlerworts richtig auf. ↪

In diesem Jahr gedeit unser Apfelbaum prächtig. _____

Mit großen Sprüngen fliet der Hase vor dem Fuchs. _____

Ein Reh näert sich vorsichtig der Wiese. _____

Auf dem Bauernhof nebenan krät der Hahn. _____

Gestern hat der Wind sehr stark gewet. _____

Zum Abschied wünschten sich alle noch froe Festtage. _____

💡 Wörter mit s und ß richtig schreiben

- Wenn du ein Wort wie *reisen* aussprichst, klingt der s-Laut **summend**.
  Es ist ein **stimmhaftes s**. Man schreibt es mit **s**.
- In einem Wort wie *reißen* klingt der s-Laut **zischend**.
  Es ist ein **stimmloses s**. Man schreibt es mit **ß**.
- Steht der s-Laut **in einsilbigen Wörtern am Ende** (*das Gleis*) oder **vor einem Konsonanten**
  (*sie speist*), klingt er immer stimmlos.
- Erst mit der Strategie **Verlängern** hört man, welcher s-Laut es wirklich ist: ↪
  die Glei se, sie spei sen.
  – Bilde bei **Nomen** die **Mehrzahl**: *der Spa(s/ß)* → *die Spä ße*.
  – Bei **Verben** bildest du die **Wir-Form**: *er nie(s/ß)t* → *wir nie sen*.
  – **Steigere Adjektive** oder setze sie **vor ein Nomen**: *gro(s/ß)* → *grö ßer* I *der gro ße Hund*.

---

1 Alle Wörter werden mit s oder mit ß geschrieben. ↪ ～

a) Verlängere die Wörter. Sprich sie deutlich aus, bevor du die verlängerte Form aufschreibst.
Tipp: Du kannst dir die Wörter auch anhören. Öffne dazu den QR-Code mit einem Handy.

b) Setze in die Lücken den fehlenden s-Laut ein.

das Gla____	die Glä ser	das Gra____	die _____
ich sa____	wir _____	der Spa____	die _____
ich la____	wir _____	er fra____	sie _____
sie gie____t	wir _____	er ra____t	sie _____
sie sau____t	wir _____	er schie____t	sie _____
der Krei____	die _____	das Ma____	die _____
er nie____t	sie _____	es blie____	sie _____
das Lo____	die _____	der Klo____	die _____

2 Setze in die Lücken den fehlenden s-Laut ein.
Wenn du unsicher bist, verwende die Strategie **Verlängern**. ↪

Im Stadion

Da alle Stra____en gesperrt waren, mussten wir heute zu Fu____

ins Stadion gehen, um unsere Mannschaft anzufeuern. Sie hatte

heute nämlich ein schweres Lo____ gezogen. Die Spieler des

Gegners waren richtig gro____ und auch sehr kräftig. Man merkte,

dass sie nicht nur zum Spa____ bei uns waren. Sie wollten

gewinnen. Doch auch unsere Mannschaft war hei____ auf das Spiel.

Unser Mittelstürmer nahm Ma____, sein Ball sau____te über die

Köpfe der Spieler und lie____ dem Torwart des Gegners keine Chance.

Der Ball sa____!

💡 Wörter mit -ig und -lich richtig schreiben

- Adjektive mit den Wortbausteinen -ig oder -lich klingen am Ende ähnlich.
  Woher weiß man also, wie man ein Wort wie *mutig* am Ende schreibt?
- Mit der Strategie **Verlängern** hörst du die Endung besser: *eine mutige Tat.*
  - Steigere das Adjektiv: *eilig → eiliger.*
  - Verwende das Adjektiv mit einem Nomen: *gefährlich → eine gefährliche Fahrt.*

1 **a)** Bilde aus den Wortstämmen im Kasten und den Wortbausteinen -ig und -lich Adjektive.
   b) Verlängere die Adjektive, um dein Ergebnis zu überprüfen.

| ehr- | höf- | läss- | lebend- | niedr- | nütz- |
| richt- | sach- | wend- | winz- | häss- | ordent- |

Wörter mit -ig	**Wörter mit -lich**
	ehrlich → ehrlicher

2 **a)** Bilde mit den Nomen im Kasten und den Wortbausteinen -ig und -lich Adjektive.
   b) Verlängere die Adjektive, um dein Ergebnis zu überprüfen.

| Ärger, Durst, Freund, Gift, Grusel, Heim, Herr, Herz, Lust, |
| Nebel, Staub, Schuld, Spaß, Wind, Schreck, Schrift, Pein |

Wörter mit -ig	**Wörter mit -lich**

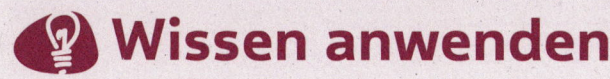 Wissen anwenden

1 b/p, d/t oder g/k?

Unser Hund to**b/p**te (_____) mit dem Hund des Nachbarn im Garten.

Über sein Missgeschick beim Klettern schwie**g/k** (_____) er lieber.

Nach seinem Auftritt verschwan**d/t** (_____) der Sänger von der Bühne.

Meine Freundin schrie**b/p** (_____) mir eine Karte aus ihrem Urlaubsort.

a) Verlängere die Verben. Bilde dazu die Wir-Form. Schreibe sie in die Klammern. ↪

b) Streiche in den Verben den falschen Buchstaben durch.

2 **a)** Setze die Buchstaben b, d, g, k und t richtig in die Nomen ein.

b) Überprüfe die Schreibung. Verlängere dazu die Nomen. Schreibe sie in die Klammern. ↪

das Pake_____ (_____)   der Ran_____ (_____)

das Geschen_____ (_____)   der Vorhan_____ (_____)

das Gra_____ (_____)   der Käfi_____ (_____)

3 **a)** In jeder Zeile hat sich ein Fehler eingeschlichen. Markiere die Fehler.

b) Verlängere jedes Fehlerwort neben dem Text. ↪

c) Schreibe die Fehlerwörter in richtiger Schreibung auf.

Der Insektenstich

Ich habe mit einer Freundin im Zel**d** übernachtet.   die Zelte → Zelt

Das Graß auf der Wiese stand ziemlich hoch.

Es war lange nicht gemät worden.

Deshalb bliep uns auch die Ameisenstraße verborgen,

auf der unsere Unterkunft stant.

Als die Sonne langsam verschwant,

wurde es unruig in unserem Heim.

Ich erhield zuerst einen Ameisenstich. Es fühlte sich an,

als ob meine Haut an der Stichstelle glüt.

Wenik später passierte bei meiner Freundin dasselbe.

Es gap leider noch weitere Stiche.

Das genükte uns und wir sind schnellstens

aus dem Zelt und ins Haus gefloen.

Hier war es zum Glück nicht so gefährlig.

# Überprüfe dich selbst!

1 a) Wann schreibt man den s-Laut mit s und wann mit ß? Vervollständige den   /7
Lückentext mit den Buchstaben und Wörtern. Achtung: Ein Wort passt in keine Lücke.

> s, zischend, ß, summend, stimmhaftes, Verlängern, stimmloses, Ableiten

In dem Wort *rasen* klingt der s-Laut _____ . Es ist ein _____ s.

Man schreibt es mit _____ .

In dem Wort *stoßen* klingt der s-Laut _____ . Es ist ein _____ s.

Man schreibt es mit _____ .

In einsilbigen Wörtern klingt der s-Laut am Ende oder vor einem Konsonanten stimmlos.

Daher wendet man die Strategie _____ an. So hört man, welcher s-Laut es

wirklich ist.

b) Wende die Strategie an, um das s am Ende des Wortes *Preis* zu begründen.   /1

_____

2 Welche Aussagen treffen auf Wörter mit silbentrennendem h (z. B. *gehen*) zu? Kreuze an.   /2

Nach einem silbentrennenden h steht immer ein Konsonant. ☐

Das silbentrennende h steht zu Beginn der zweiten Silbe. ☐

In einem Wort mit silbentrennendem h endet die erste Silbe mit einem Vokal. ☐

3 a) Bilde mit den Nomen jeweils zwei Adjektive mit -ig und mit -lich: /4
der Sport, der Schmutz, der Ärger, der Hügel.

b) Überprüfe die Schreibweise der Adjektive. Verlängere sie dazu.   /4

Adjektive mit -ig: _____

Adjektive mit -lich: _____

4 a) Vervollständige den folgenden Merksatz.   /1

Mit der Strategie _____ kann man die Buchstaben b, d, und g

am Ende eines Wortes von den Buchstaben p, t und k unterscheiden.

b) Wende die Strategie bei diesen drei Wörtern an.   /3

Sieb: _____   wog: _____   gesund: _____

5 Schreibe die drei Verben in der Vergangenheitsform auf.   /3

lügen: er _____   bleiben: er _____   zeigen: er _____

/25

20

💡 Zusammengesetzte Wörter richtig schreiben

- Manche Wörter bestehen aus verschiedenen Nomen: *der Hauseingang → das Haus + der Eingang*.
- Achte auf die **Stelle zwischen den zusammengesetzten Wörtern** (= Wortfuge):
  - Wenn du ein Wort wie **Fensterrahmen** aussprichst, hörst du nur ein **r**.
    Du schreibst es aber mit **r r**, denn es setzt sich aus **Fenster** und **Rahmen** zusammen.
  - Manchmal stehen in der **Wortfuge** weitere **Buchstaben** wie **s**, **es**, **n**, **en**, **er** oder **e**.
    So kann man das zusammengesetzte Wort leichter aussprechen:
    *die Hose + die Tasche = d*ie *Hosentasche*.
- Nutze bei zusammengesetzten Wörtern die Strategie **Wörter zerlegen**:
  - Zerlege das Wort in seine Bestandteile: *der Fensterrahmen → das Fenster + der Rahmen*.
  - Achte auf den **letzten Buchstaben von Wort 1** und den **ersten Buchstaben von Wort 2**:
    *der Fenste**r** – **r**ahmen*.
  - Prüfe, ob **zwischen den Wörtern ein Fugenbuchstabe** stehen muss:
    *die Urlaubsreise → der Urlaub + **s** + die Reise*.

---

1 **a)** Zerlege die zusammengesetzten Wörter. Schreibe so:
Bahnho**f** + s + **H**alle.

1) die Bahnhofshalle
2) ein Vogelnest
3) das Suppengemüse
4) der Zuckerrand
5) der Türrahmen

6) eine Engelsgeduld
7) die Bettdecke
8) der Schuhkarton
9) die Signallampe
10) der Radiosender

11) der Zitronenfalter
12) eine Verkehrsmeldung
13) die Schildkröte
14) die Urlaubsgrüße
15) das Nebellicht

_____

_____

_____

_____

_____

b) Markiere den letzten Buchstaben von Wort 1 und den ersten Buchstaben von Wort 2.
c) Bei welchen zusammengesetzten Wörtern sind der letzte Buchstabe von Wort 1 und
der erste Buchstabe von Wort 2 gleich? Schreibe sie auf. Es sind vier Wörter.

_____

2 Setze die Wörter zusammen. Bei zwei Wörtern musst du die Fugenbuchstaben **s** und **e** einsetzen. Bei zwei Wörtern ergibt sich durch die
Zusammensetzung eine Schreibung mit zwei gleichen Buchstaben.

der Ritter – die Rüstung _____

die Änderung – der Vorschlag _____

der Preis – die Senkung _____

der Hund – die Haare _____

💡 Vorsilben richtig schreiben

- Vorsilben sind kleine Wortbausteine.
- Sie geben Wörtern eine **neue Bedeutung**: *fallen* – **hin**fallen – **runter**fallen – **auf**fällig.
- **Vorsilben** werden **immer gleich geschrieben**.
- Nutze die Strategie **Auf Wortbausteine achten**:
  - Prüfe, ob das Wort **Vorsilben** (*ab-, auf-, be-, ein-, ent-, er-, ver-, über-, zer-* ...) hat.
  - Trenne sie vom restlichen Wort ab: *der Vorfall* → **Vor** + *Fall*, *hinfallen* → **hin** + *fallen*.
  - Bei einigen Wörtern ergibt sich durch die Vorsilbe eine **Schreibung mit zwei gleichen Buchstaben**: *auffallen, die Enttäuschung*.

1 Zerlege die Wörter in ihre Wortbausteine (z. B. hin + fallen).

verschenken _____   übergeben _____

absetzen _____   ausspülen _____

anrichten _____   zerstören _____

2 a) Ordne die Verben den Vorsilben passend zu. Zu jeder Vorsilbe gehören zwei Wörter.
Der letzte Buchstabe der Vorsilbe und der erste Buchstabe des Verbs müssen gleich sein.

nehmen	sehen	gehen	reißen	richten	renken
nagen	stehen	gucken	rühren	raten	rupfen

b) Markiere den letzten Buchstaben von Wort 1 und den ersten Buchstaben von Wort 2.

unter- unter**r**ichten, _____   an- _____

aus- _____   zer- _____

weg- _____   ver- _____

3 In jedem Satz gibt es einen Fehler.
a) Unterstreiche die falsch geschriebenen Wörter. Es fehlt immer ein Buchstabe.
b) Schreibe die Wörter auf der Linie daneben richtig auf.

Ich durfte mir mein Geschenk selbst ausuchen. _____

Leider war die erste Seite des Buches zerissen. _____

Zu meinem Geburtstag gab es eine tolle Überaschung. _____

Sie hatten noch nie so einen veregneten Urlaub gehabt. _____

Die Farbe zerann auf dem weißen Papierbogen. _____

Meine Freundin überedete mich zur Teilnahme am Wettbewerb. _____

Nach der Schule besteht die Ausicht auf ein leckeres Eis. _____

Von der Schokolade musste ich unbedingt abeißen. _____

Am Samstag beseitigten wir die Übereste unserer Feier. _____

💡 Wörter mit End- und end- richtig schreiben

- Mit dem **Wortstamm von** *Ende* lassen sich neue Wörter zusammensetzen: *der Endspurt*.
- **Wörter mit End- und end-** haben daher alle etwas **mit einem Ende** zu tun. Dadurch unterscheiden sie sich von der ähnlich klingenden Vorsilbe ent-. Mit *Endspurt* drückt man z. B. aus, dass jemand am Ende eines Laufes noch besonders spurtet (= sich beeilt).
- Diese Wortzusammensetzungen werden **immer auf** dem **End-** oder **end-** betont: die *Endsumme*.
- So prüfst du die Schreibung mit **End- und end-**:
  - Zerlege das Wort in seine Bestandteile: *unendlich → un + end + lich*.
  - Prüfe, auf welchem Baustein die Betonung liegt: *un**end**lich*.
  - Stelle fest, ob der Baustein etwas mit dem Wort Ende zu tun hat:
    Unendlich drückt z. B. aus, dass etwas kein Ende hat. Es hat also große Ausmaße.

1 Welche Wörter kann man mit **End-** zu neuen Nomen zusammensetzen?

> das Ergebnis, die Deckung, die Runde, die Führung, der Stand,
>
> die Station, die Täuschung

a) Wende die Strategien im Merkkasten an.
Tipp: Du kannst dir die zusammengesetzten Wörter auch anhören.
Öffne dazu den QR-Code mit einem Handy.
Streiche drei Wörter durch, die sich nicht zusammensetzen lassen.

b) Schreibe die zusammengesetzten Wörter auf die Linien.

_____

_____

2 Bilde mit den folgenden Wortbausteinen fünf neue Wörter.

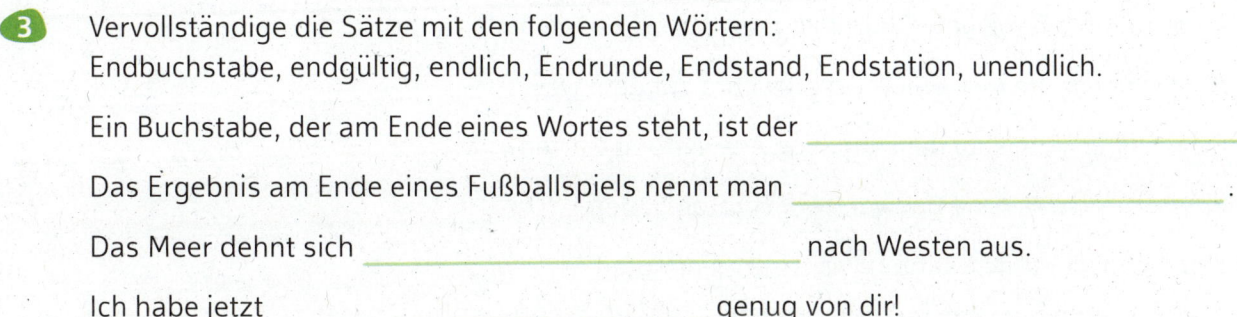

ver-   end-   -en
              -end-   -lich
be-   -los

_____

3 Vervollständige die Sätze mit den folgenden Wörtern:
Endbuchstabe, endgültig, endlich, Endrunde, Endstand, Endstation, unendlich.

Ein Buchstabe, der am Ende eines Wortes steht, ist der _____ .

Das Ergebnis am Ende eines Fußballspiels nennt man _____ .

Das Meer dehnt sich _____ nach Westen aus.

Ich habe jetzt _____ genug von dir!

Ich musste mit dem Bus bis zur _____ fahren.

Unsere Klasse rückte bei dem Turnier bis in die _____ vor.

Nach einer langen Reise waren wir _____ angekommen.

Audio
WES-124136-034

23

💡 Wissen anwenden

1 Setze die Wörter richtig zusammen und schreibe sie auf.
Denke daran, dass du manchmal einen Fugenbuchstaben einfügen musst.

1) das Boot – das Unglück

2) das Wasser – die Ratte

3) das Schiff – die Fahrt

4) die Haut – der Ton

5) das Schaf – die Wolle

6) die Suppe – der Teller

7) der Schuh – der Schrank

8) das Schloss – der Herr

9) der Schutz – der Umschlag

10) die Torte – der Heber

2 Bilde Wortzusammensetzungen mit End-. 🔲
Achtung: Bei vier Wörtern ist das nicht möglich. Streiche sie durch.

> der Betrag, die Rüstung, das Stück, die Scheidung, die Summe,
>
> das Ziel, der Lauf, die Haltung, die Hemmung, die Note

3 In jedem Satz befindet sich ein Fehler. ✍️ 🔲
a) Markiere die Fehlerwörter. Nutze die bekannten Strategien.
b) Schreibe die falsch geschriebenen Wörter richtig auf

Die Entstadion war nur noch drei Haltestellen entfernt.

Beim Toben mit meinem Bruder ist mein Hemd zerissen.

Der Wagen hatte eine gelbe Signaleuchte auf dem Dach.

Sie mussten lange auf die entgültige Auswertung warten.

Irgendjemand musste das Versteck veraten haben.

Zum Schuljahrende erfahren wir unsere Endnoten.

Zum Glück war es ein gutes Untersuchungergebnis.

Nach der Niederlage war die Endtäuschung sehr groß.

Wortrennungen fallen mir beim Schreiben schwer.

 # Überprüfe dich selbst!

1 **a)** Welche Strategie hilft dir, ein zusammengesetztes Wort wie *Kopfball* richtig zu schreiben? /1

_____

b) Wende die Strategie bei dem Wort *Kopfball* an. /1

_____

2 Warum ist die Schreibung des Wortes *Hundfell* falsch? Ergänze den Text. /4

Das Wort ist zusammengesetzt aus den Wörtern _____ und

_____ . Dazwischen fehlt aber ein _____ .

Richtig schreibt man das Wort _____ .

3 Welche drei Wörter sind falsch geschrieben? /3

a) Kreuze an.

wegießen ☐   aussuchen ☐   verühren ☐

zerreißen ☐   abbürsten ☐   anageln ☐

b) Welcher Fehler liegt bei diesen Wörtern vor? Ergänze den Text. /2

Bei den Wörtern ergibt sich durch die Vorsilbe eine Schreibung mit _____ gleichen

Buchstaben. Man hat bei den Wörtern aber immer nur _____ geschrieben.

c) Schreibe die falsch geschriebenen Wörter richtig auf. /3

_____

4 In jedem Satz befindet sich ein Fehler.

a) Markiere die Fehlerwörter. Nutze die bekannten Strategien. /8

b) Schreibe die Wörter richtig auf die Linie daneben. /8

Nach dem Vortrag begann eine entlose Diskussion. _____

Jedes Argument wurde sofort wieder zeredet. _____

Der Diskussionsleiter hatte wirklich eine Engelgeduld. _____

Ich wäre bei dem Hin und Her schon verückt geworden. _____

Viele hatten sich einfach völlig verannt. _____

So langsam mussten wir uns beilen, es war schon spät. _____

Nach zwei Stunden war entlich Schluss. _____

Die Diskussion wurde ohne Entergebnis vertagt. _____

/30

💡 Wörter mit Dehnungs-h richtig schreiben

- Bei Wörtern mit einem **Dehnungs-h** spricht man den **Vokal/Umlaut vor dem h lang** aus:
  zähmen, lohnen, lehren, prahlen.
- Das Dehnungs-h steht nur vor den Buchstaben **l, m, n, r**.
- Wenn du ein Wort mit Dehnungs-h nach Silben trennst, gehört das **h zur ersten Silbe**.

  zäh men   _loh nen_   _leh ren_   _prah len_

- Das Dehnungs-h bleibt in den Wörtern einer **Wortfamilie** erhalten: _lehren, Lehrer, lehrreich_.
- Wörter mit Dehnungs-h sind **Merkwörter**.
- Achtung: Manche Wörter mit l, m, n, r werden **ohne Dehnungs-h** geschrieben:
  Samen, sparen, Schule, Ton. Auch solche Wörter musst du dir einprägen.

M

1 Bei allen Verben wird der Vokal der ersten Silbe lang gesprochen.
Doch nur sechs Verben besitzen ein Dehnungs-h.

1) jo?len	4) wü?len	7) stre?ben	10) hü?ten
2) ra?deln	5) to?ben	8) ne?men	11) lo?ben
3) pra?len	6) fa?ren	9) ra?sen	12) fö?nen

a) Markiere die Buchstaben hinter dem Fragezeichen.
b) Ordne die Wörter der richtigen Überschrift zu.

Wörter mit **Dehnungs-h:** _____

_____

Wörter ohne **Dehnungs-h:** _____

_____

2 Immer zwei Wörter reimen sich: Das eine wird mit Dehnungs-h geschrieben, das andere nicht.   M
a) Schreibe die Reimpaare richtig auf.

Qual	Ohren	Kuhle	kehren	schwelen	spülen
beschweren	stehlen	Wahl	Poren	Schule	Kräne
wühlen	Zähne	Ton	grölen	Sohn	aushöhlen

Qual _____   _____   _____

_____   _____   _____

_____   _____   _____

_____

b) Schreibe die Wörter ohne Dehnungs-h auf. Ordne sie dabei nach dem Alphabet.   M

_____

_____

Wörter mit x, ks, chs, cks richtig schreiben

- Wenn man Wörter mit **x**, **chs**, **ks** oder **cks** ausspricht, klingen sie wie **ks**.
  Es gibt aber **vier verschiedene Schreibweisen**.
- So scheibt man z. B. *Box* (und nicht Boks) oder *Wachs* (und nicht Waks).
- Ihre Schreibung musst du dir einprägen. Es sind **Merkwörter**.

M

1 **a)** Markiere in den Wörtern x, chs, ks und cks.

1) Hexe	6) wechseln	11) fix	16) extra
2) piksen	7) Eidechse	12) wachsen	17) Erwachsener
3) Axt	8) schlaksig	13) links	18) boxen
4) Luxus	9) Kekse	14) Experimente	19) Mixer
5) Klecks	10) austricksen	15) häckseln	20) Tricks

b) Orde die Wörter der passenden Überschrift zu.

M

Wörter **mit x**: _____

_____

Wörter **mit ks**: _____

Wörter **mit chs**: _____

Wörter **mit cks**: _____

2 In jedem Satz gibt es einen Fehler. Vergleiche die markierten Wörter mit der Schreibweise aus Aufgabe 1. Schreibe die Wörter richtig neben das fehlerhafte Wort.

Mit seinen *Trix* _____ verblüffte der Zauberer alle Zuschauer im Saal.

Die Verkäuferin konnte den 100-Euro-Schein nicht *weckseln* _____.

Ich habe ganz *fichs* _____ meine Hausaufgaben erledigt.

Auf den warmen Steinen konnte man *Eidexen* _____ beobachten.

Viele genießen ihren Eisbecher gern mit einem großen *Kleks* _____ Sahne.

Weil der Junge schon sehr groß ist, findet der Opa ihn *schlacksig* _____.

Für den Wettkampf trainierte der *Bochser* _____ jeden Tag.

Das *Wax* _____ der Kerze tropfte langsam auf die Tischdecke.

Ein Swimmingpool im Garten ist schon ein *Luksus* _____.

Manchmal machen wir im Unterricht *Ecksperimente* _____.

Immer mehr junge *Erwacksene* _____ ernähren sich nicht gesund.

- Bei einigen Wörtern **mit lang gesprochenem Vokal** muss man den **Vokal verdoppeln**: *der See, der Aal, das Moor.*
- Es gibt nur die Doppelvokale aa, ee und oo.
- Wörter mit Doppelvokalen musst du dir einprägen. Es sind **Merkwörter**.

M

1 **a)** Setze in die Lücken die fehlenden Doppelvokale ein.

das B __ __ t   der Z __ __   das H __ __ r   der S __ __ l   die Id __ __

das M __ __ r   das P __ __ r   das M __ __ r   die B __ __ re   d __ __ f

das M __ __ s   die F __ __   die W __ __ ge   der St __ __ t   der Sp __ __ r

der Kl __ __   der Kaff __ __   das H __ __ r   das B __ __ t   l __ __ r

b) Orde die Wörter der passenden Überschrift zu.

Wörter **mit aa**: _____

Wörter **mit ee**: _____

_____

Wörter **mit oo**: _____

2 Schreibe zu jedem Wort ein Reimwort mit einem Doppelvokal. Nutze die Wörter aus Aufgabe 1.

das Los, aber das M _____   das Brot, aber das B _____

der Pfahl, aber der S _____   der Bär, aber das M _____

der Zeh, aber die F _____   das Ohr, aber das M _____

die Tage, aber die W _____   das Klo, aber der Z _____

3 Verwende jeden Doppelvokal in einem Satz.

aa: _____

ee: _____

oo: _____

4 Was zeigen die Bilder? Schreibe die richtigen Bezeichnungen darunter.

_____   _____   _____   _____

💡 Wörter mit einfachem i richtig schreiben

- Die meisten Wörtern mit langem i-Laut schreibst du mit ie: *das Lied*, *die Wiege*.
- **Einige Wörter mit lang gesprochenem *i*** schreibt man **nur mit einfachem *i***: *das Kino*, *die Klinik*.
- Wörter mit dem **Baustein *wider*** drücken einen Gegensatz aus. Wörter wie *Widerstand*, *widerrufen*, *widersprechen* oder *widerlich* zeigen also, dass etwas nicht der Erwartung entspricht.
- Wörter mit einfachem *i* musst du dir einprägen. Es sind **Merkwörter**.

M

1 In der Wortschlange verbergen sich 21 Wörter mit einfachem *i*.

O L I V E T I G E R T A X I F I B E L M A R G A R I N E K L I M A M A S C H I N E K I N O

K R I S E W I D E R S P R U C H K A B I N E R U I N E L A W I N E V A M P I R I G E L

P R A L I N E T E R M I N F A B R I K K R O K O D I L V I T A M I N E S T A B I L

a) Ziehe nach jedem Wort einen senkrechten Strich.
b) Schreibe die Wörter auf.

_____

_____

_____

_____

c) Was zeigen die Bilder? Schreibe die richtigen Wörter daneben.

_____   _____   _____

2 Bilde drei Sätze mit den Wörtern aus Aufgabe 1. Nimm dazu die Wörter, die dir noch schwerfallen.

_____

_____

_____

3 Setze die folgenden Wörter mit dem Baustein *wider* richtig in die Lücken ein.

> Widerstand, widerrufen, widersprechen, widerlich

Der Gefangene leistete bei seiner Festnahme heftigen _____ .

Vor Gericht wollte der Angeklagte sein Geständnis _____ .

Gegenüber den anderen Mitspielern hat er sich _____ verhalten.

Egal, was gesagt wurde, sie musste ständig _____ .

Merkwörter einprägen und richtig schreiben

Diese zwölf Wörter werden oft falsch geschrieben.
Hier kannst du sie üben und dir ihre Schreibweise einprägen.

M

> Klima, Widerstand, Maschine, endgültig, ausspülen, widersprechen,
>
> weggehen, Krise, Enttäuschung, spüren, Überraschung, beschweren

1 Schreibe die Wörter nach dem **ABC** auf. Streiche jedes aufgeschriebene Wort durch.

_____

_____

_____

_____

2 Schreibe zu den Wörtern **ein verwandtes Wort** auf. Du kannst ein Wörterbuch benutzen.

_____

_____

3 Ordne die Wörter nach der **Zahl der Buchstaben**. Beginne mit dem kürzesten Wort.

_____

_____

4 Schreibe die Wörter mit **den meisten Buchstaben** auf.

_____

_____

_____

5 Schreibe **zwei Sätze** auf, in denen **jeweils drei Wörter aus dem Kasten** vorkommen.

_____

_____

6 Lies dir die Wörter im Kasten oben noch einmal durch. Decke dann die Seite mit einem Blatt ab. Schreibe die Wörter, die du dir gemerkt hast, auswendig auf. Überprüfe danach alle Wörter. Berichtige die falsch geschriebenen Wörter.

_____

_____

_____

Meine eigenen Merkwörter üben

Schreibe in diesen Kasten zwölf schwierige Wörter, die du üben möchtest.
Wenn du dir mit der Schreibweise nicht sicher bist, schlage die Wörter im Wörterbuch nach.

M

1 Schreibe deine Wörter nach dem ABC auf. Streiche jedes aufgeschriebene Wort durch.

2 Schreibe zu mindestens sechs Wörtern ein verwandtes oder ähnliches Wort auf.

3 Schreibe zu drei Wörtern je einen kurzen Satz auf.

4 Ordne deine Wörter nach der Zahl der Buchstaben. Das kürzeste Wort zuerst!

5 Lies die Wörter im Kasten oben noch einmal durch. Decke dann den Kasten mit einem Blatt
ab. Schreibe die Wörter, die du dir gemerkt hast, hier auswendig auf.
Überprüfe danach, ob du sie richtig geschrieben hast. Berichtige sie, wenn nötig.

💡 Signale für Großschreibung erkennen

- Nomen schreibst du **groß**.
- Du erkennst Nomen an **Signalwörtern**. Sie stehen vor dem Nomen und beziehen sich auf dieses:
  - **Artikel**: *der, die, das, ein, eine* ... → <u>*der*</u> *Koffer*.
  - **Pronomen**: *mein, dein, sein, ihr, euer, kein* ... → <u>*ihr*</u> *Koffer*.
  - **Adjektiv**: *klein, schön, schlau* ... → <u>*kleiner*</u> *Koffer*.
  - **Präposition mit „verstecktem Artikel"**: *aufs* (= *auf das*), *im* (= *in dem*), *am, zum* ... → <u>*im*</u> *Koffer*.
- Ein weiteres Signal für Nomen sind **typische Endungen** wie *-ung, -heit, -keit, -nis, -schaft* und *-tum*. **Ww**
- Nutze die Strategie **Signale für Großschreibung beachten**:
  - Stelle fest, ob vor dem Wort ein **Signalwort für Nomen** steht: <u>*Das Eis*</u> *schmeckt*.
  - Prüfe, ob das Wort eine typische Nomen-Endung hat: *Die* <u>*Entspannung*</u> *tut uns gut*.
  - Gibt es kein eindeutiges Signal, mache die **Artikelprobe**. Kannst du einen Artikel vor das Wort setzen, ist es ein Nomen: *Ich trinke Saft.* → *Ich trinke (den) Saft*.

1   In dem Text stehen alle Wörter in Großbuchstaben. Aber welche Wörter sind Nomen?   **Ww**

a) Markiere die Signale für Nomen im Text farbig.
b) Kreise die Nomen ein.

DER (KRAGENBÄR)

DIESE BÄRENART GIBT ES HEUTE NUR NOCH IM

ASIATISCHEN RAUM. DER NAME DES BÄREN HAT MIT

SEINEN LANGEN HAAREN IM NACKEN ZU TUN. SIE SEHEN

WIE EIN KRAGEN AUS.

DIE KRAGENBÄREN LEBEN ÜBERWIEGEND IN GRÜNEN

WÄLDERN, ABER AUCH IM FLACHEN LAND UND SOGAR IM HOHEN GEBIRGE. IHRE NAHRUNG

BESTEHT IN TROPISCHEN WÄLDERN VOR ALLEM AUS UNTERSCHIEDLICHEN FRÜCHTEN.

SO EINE VIELFALT IN DER PFLANZLICHEN ERNÄHRUNG GIBT ES NICHT ÜBERALL. DAHER

GEHÖREN AUCH KLEINE TIERE UND DIE RESTE VON TOTEN TIEREN ZU IHRER SPEISEKARTE.

HOHE BÄUME SIND FÜR DIE BÄREN KEIN HINDERNIS. DAS GEGENTEIL IST DER FALL.

c) Schreibe die Nomen mit ihren Signalen in der richtigen Schreibweise auf.

der Kragenbär, diese

💡 Adjektive werden zu Nomen

- Adjektive können auch für sich stehen. Sie werden dann als Nomen gebraucht und großgeschrieben:

  Das Gute wird siegen. I Es gibt gutes Essen.

- Die Großschreibung von Adjektiven erkennst du an folgenden **Signalen**:
  - **Artikel**: *der, die, das, ein, eine ...* → *der Große*.
  - **Pronomen**: *dieser, jener, mein ...* → *ihr Junges*.
  - **Präposition mit „verstecktem Artikel"**: *im, beim, am, zum ...* → *im Großen und Ganzen*.
  - **Wörter wie etwas, viel, wenig, nichts, manches** → *nichts Neues*.
- Nutze die Strategie **Signale für Großschreibung beachten**: Ww
  - Stelle fest, ob vor dem Adjektiv ein **Signalwort für Nomen** steht.
    Prüfe, **ob sich dieses Wort** auf das Adjektiv oder ein darauffolgendes Wort **bezieht**:

    Der neue Schüler. Der Neue an der Schule.
  - Mache im Zweifelsfall die **Artikelprobe**: *Ich wünsche dem Neuen nur Gutes.* → (**das**) *Gute*.

---

1 In den folgenden Sätzen wurden alle Adjektive mit Großbuchstaben geschrieben. Ww

  a) Prüfe, ob es vor den Adjektiven Signalwörter für Nomen gibt. Markiere sie.

  b) Prüfe, worauf sich die Signalwörter beziehen. Kreise das Bezugswort ein.

Bei der Nachtwanderung im DUNKLEN   *dunklen*   (Wald) haben wir etwas

SELTSAMES _____ gehört.

Das ERNSTE _____ Gesicht unserer Lehrerin bedeutete nichts GUTES

_____ für uns.

In der LANGEN _____ Reihe standen die KLEINEN _____ ganz vorn.

Bei KALTEM _____ Wetter bin ich froh, wenn ich im WARMEN _____

sitzen kann.

Nach ihrer SCHÖNEN _____ Urlaubsreise hatten sie viel INTERESSANTES

_____ zu berichten.

Auch in den KURZEN _____ Nachrichtensendungen erfährt man viel NEUES

_____ vom Tage.

  c) Schreibe die Adjektive in richtiger Groß- und Kleinschreibung in die Lücken.

2 Diese Adjektive werden als Nomen gebraucht. Bilde mit ihnen eigene Sätze.

| etwas Wichtiges | nichts Ungewöhnliches | manches Neue | viel Aufregendes |

_____

_____

_____

💡 Verben werden zu Nomen

- **Verben im Infinitiv** können als Nomen gebraucht werden. Dann schreibt man sie groß:
  Das Lesen macht mir Spaß.
- Die Großschreibung von Verben erkennst du an folgenden **Signalen**:
  - **Artikel**: *das, ein* → *das Einkaufen, ein Lachen.*
  - **Pronomen**: *dein, euer, ihr, sein, dieses ...* → *dein Singen.*
  - **Präposition mit „verstecktem Artikel"**: *vom, im, beim, am, zum ...* → *beim Laufen, zum Weinen.*
  - **Adjektiv**: *langsam, schnell* → *aufmerksames Lesen.*
- Nutze die Strategie **Signale für Großschreibung beachten**:   Ww
  - Stelle fest, ob das **Verb im Infinitiv** steht: *Beim Laufen reden wir nicht gerne.*
  - Prüfe, ob **vor dem Verb im Infinitiv ein Signalwort für Nomen** steht:
    Beim Laufen reden wir nicht gerne.
  - Mache im Zweifelsfall die **Artikelprobe**: *Jetzt ist Schluss mit Faulenzen.* → (**dem**) *Faulenzen.*

---

1 a) Prüfe, ob die Verben in Klammern als Nomen gebraucht werden.
Achte dazu im Text auf Signalwörter für die Großschreibung. Markiere sie.   Ww

Mira kam bei ihrem vollen Terminplan ganz schön ins _____ (SCHWITZEN).

Nach Schulschluss musste sie zuerst für ihre Oma Blumen _____ (KAUFEN).

Das _____ (EINKAUFEN) war aber kein Problem, der Laden lag auf ihrem Weg.

Ihre Oma hatte sie nämlich zum _____ (ESSEN) eingeladen. Bei den Kochkünsten

ihrer Oma kommt Mira immer ins _____ (SCHWÄRMEN). Trotz ihrer wenigen

Zeit konnte sie diese Einladung nicht _____ (AUSSCHLAGEN). Danach

musste sie auf dem schnellsten Weg nach Hause _____ (EILEN). Hier war das

_____ (ANFERTIGEN) der Hausaufgaben die nächste Herausforderung.

Eigentlich ist sie im _____ (LÖSEN) von Mathematikaufgaben besonders gut. Doch

dieses Mal benötigte sie zum _____ (BEARBEITEN) viel mehr Zeit als sonst.

Zum Glück schaffte sie es, alle Aufgaben pünktlich zu _____ (ERLEDIGEN).

Danach zog sie schnell ihre Sportsachen an und dann ging es zum _____

(TRAINIEREN). An diesem Tag stand das _____ (ÜBEN) neuer Spielzüge auf

dem Plan. Ihre Mannschaft wollte unbedingt das nächste Handballspiel _____

(GEWINNEN). Beim Training träumte Mira vom _____ (AUSRUHEN) auf dem Sofa.

b) Schreibe die Verben in Klammern in der richtigen Schreibweise in die Lücken.

2 Schreibe die Verben, die als Nomen gebraucht werden, mit ihren Signalen auf.   Ww

_____

_____

_____

💡 Zeitangaben richtig schreiben

- **Tageszeiten** wie *Morgen* (= in der Frühe), *Mittag*, *Abend*, *Nacht* und **Wochentage** wie *Sonntag* oder *Montag* schreibst du **groß**. Du erkennst sie an den **Signalwörtern für die Großschreibung**: *die* *nächste* *Nacht*, *dieser* *Morgen*, *am* *Abend*, *gegen* *Mittag*.
- **Zeitangaben** wie *morgens*, *mittags*, *montags* oder *sonntagabends* sind **Adverbien**. Du schreibst sie **klein**. Das **Signal** dafür ist das **s am Ende**.
- **Zeitangaben** wie *heute*, *gestern*, *morgen* (= der nächste Tag) schreibst du **klein**: Ich war *gestern* krank. Aber *heute* geht es mir schon besser. Bestimmt bin ich *morgen* wieder fit.
- Oft **kombiniert** man **Zeitangaben**: *morgen Abend*, *heute Mittag*. Dann schreibst du die erste Zeitangabe klein und die zweite Zeitangabe groß.
- Nutze die Strategie **Signale für die Großschreibung beachten**:
  – Stelle fest, ob **vor der Tageszeit oder dem Wochentag** ein **Signalwort** steht: *der Morgen*.
  – Prüfe, ob die **Zeitangabe am Ende ein -s** hat: *Ich bin morgens immer sehr müde.*
  – Prüfe, ob die **Zeitangabe alleine** steht: *Wir kommen morgen wieder.*
  – Prüfe, ob **zwei Zeitangaben kombiniert** werden: *Wir kommen morgen Abend wieder.*

Ww

1 Bilde mindestens fünf kombinierte Zeitangaben mit den Wörtern im blauen und den Wörtern im gelben Kasten.

Ww

heute, morgen, gestern, vorgestern, übermorgen

Morgen, Mittag, Nachmittag, Abend, Vormittag, Nacht

heute Morgen, _____

_____

2 Schreibe jeweils zwei weitere Beispiele auf.

Ww

der Morgen, der _____

am Morgen, _____

gegen Morgen, _____

den ganzen Morgen, _____

eines schönen Morgens, _____

3 Ordne die Angaben den Überschriften zu.

Ww

NACHTS, AM ABEND, MORGENS, MONTAGVORMITTAGS, DEN GANZEN NACHMITTAG,

GEGEN MITTAG, AM SONNTAGMORGEN, DIENSTAGS, ABENDS

Großgeschriebene Zeitangaben: _____

_____

Kleingeschriebene Zeitangaben: _____

_____

Archie, der jagdhund

Archie ist ein liebenswerter rauhaardackel. Als er zehn wochen
alt war, kam er zu uns und ist seit sechs jahren eine bereicherung
unserer familie. Damit ist er unser jüngstes familienmitglied. Er ist
sehr lieb und anhänglich und beim kraulen seiner ohren schaut er
einen an, als ob er kein wässerchen trüben kann.

Doch das ist eine täuschung. Er ist nämlich nicht nur ein schoßhund,
sondern auch ein ausgebildeter jagdhund. Ein halbes jahr lang
musste er mit anderen artgenossen das verfolgen von wildspuren
üben. Für so einen kleinen kerl war es sehr anstrengend, bei
sommerlichen temperaturen einer spur zu folgen, die älter als
ein tag war. Ihn hat beim üben weder dichtes kraut noch stacheliges gestrüpp vom suchen
abgehalten. Auch wenn das trainieren länger als einen ganzen vormittag dauerte, war
Archie stets mit begeisterung dabei. Jeder übungstag war für ihn etwas besonderes, zumal
es am ende jeder suche auch immer etwas leckeres zur belohnung gab. So war es keine
überraschung, dass der kleine seine ausbildung mit einer sehr guten prüfung abschloss. Wenn
wir jetzt im wald unterwegs sind, muss man schon gut auf ihn aufpassen, damit er nicht jeder
spur folgt. Er war nämlich schon einmal vom morgen bis zum späten abend verschwunden,
weil er mit dem verfolgen einer frischen wildfährte alles andere um ihn herum vergessen hatte.

1 In dem Text wurden 44 Nomen nicht großgeschrieben.   Ww
a) Markiere die Signalwörter für Nomen. Verwende dafür unterschiedliche Farben.
b) Kreise die Nomen ein.
c) Schreibe die Nomen und ihre Signalwörter in der richtigen Schreibweise ab.

_____

_____

_____

_____

_____

_____

_____

_____

_____

_____

_____

_____

_____

2 Wie viele Adjektive werden als Nomen gebraucht? Kreuze an: 3 ☐   5 ☐   8 ☐

3 Wie viele Verben werden als Nomen gebraucht? Kreuze an: 2 ☐   6 ☐   9 ☐

Überprüfe dich selbst!

1 Welche der folgenden Aussagen sind richtig? Kreuze an. /3

☐ Zeitangaben schreibt man immer klein.

☐ Zeitangaben schreibt man immer groß.

☐ Manche Zeitangaben schreibt man groß und manche klein.

☐ Die Wörter *viel* und *etwas* sind ein Signal für die Großschreibung von Adjektiven.

☐ Ein Verb im Infinitiv kann als Nomen gebraucht werden.

2 Warum schreibt man die Zeitangabe *abends* klein, aber *eines Abends* groß? /4
Ergänze die Lücken in der Erklärung.

Die Zeitangabe *abends* ist ein _____. Das erkennt man am

_____ am Ende. Daher schreibt man sie klein.

Die Zeitangabe *eines Abends* ist ein _____. Das erkennt man an

_____. Daher schreibt man sie groß.

3 a) Nenne drei typische Endungen von Nomen. /3

_____

b) Schreibe drei Beispiele für Nomen mit diesen Endungen auf. /3

_____

4 Groß oder klein? Ww

a) Markiere die Signalwörter für Nomen, sofern vorhanden. /5

b) Schreibe die Wörter in den Klammern in der richtigen Groß- und Kleinschreibung /10
in die Lücken

A) Ich werde bis zur Pause am _____ (ARBEITEN) sein.

Ich muss bis zur Pause _____ (ARBEITEN).

B) Finn will _____ (MORGEN) als Erster an der Bushaltestelle sein.

Finn will am _____ (MORGEN) als Erster an der Bushaltestelle sein

C) Mia meint, dass sie im Kunstunterricht nicht _____ (GUT) gemalt hat.

Mia meint, dass sie im Kunstunterricht nichts _____ (GUTES) gemalt hat.

D) Leon sah in der letzten Woche immer etwas _____ (TRAURIG) aus.

Leon ist in der letzten Woche etwas _____ (TRAURIGES) passiert.

E) Es ist das _____ (SCHÖNE) am Sonntag, dass wir gemeinsam frühstücken.

Es ist _____ (SCHÖN) am Sonntag, dass wir gemeinsam frühstücken.

/28

💡 Das Komma zwischen Hauptsätzen setzen

- Manchmal gehören **zwei Hauptsätze (= zwei Sinneinheiten) inhaltlich eng zusammen**. Dann setzt man dazwischen ein **Komma**: *[Nach zwei Stunden war Schluss]* **,** *[es gab keine Entscheidung]*.
- Man kann Hauptsätze auch **mit den Konjunktionen** *und/oder* **verbinden**. Dann muss man **kein Komma** setzen: *[Nach zwei Stunden war Schluss]* (,) *und [es gab keine Entscheidung]*.
- Verbindet man Hauptsätze mit den Konjunktionen *aber*, *denn*, *doch*, muss man ein Komma setzen: *[Nach zwei Stunden war Schluss]* **,** *[doch es gab keine Entscheidung]*.
- So prüfst du die Kommasetzung in Hauptsätzen (Strategie **Sinneinheiten erkennen**):
  - **Unterstreiche** die **Prädikate**. Setze **alle Wörter, die zu den Prädikaten gehören, in eckige Klammern**. Das ist die **Sinneinheit**.   [ ]
  - Prüfe, ob eine **Konjunktion zwischen den Sinneinheiten** steht. Markiere sie.
  - Gibt es **keine Konjunktion**? Kennzeichne das **Ende der ersten Sinneinheit** mit einem **Komma**.
  - Gibt es ein *und/oder* zwischen den Sinneinheiten? Du musst **kein Komma** setzen.
  - Gibt es ein *aber*, *denn*, *doch* zwischen den Sinneinheiten? Du setzt **ein Komma**.
  [Das Ergebnis gefiel den Teilnehmern nicht] **,** *[nächste Woche müssen wieder alle abstimmen]*.

---

1 Verbinde die Hauptsätze mit der Konjunktion in der Klammer.
Dreimal musst du ein Komma setzen.

Das Schiff ist noch auf hoher See. Es wird den Hafen gegen Abend erreichen. **(aber)**

_____

_____

Alle standen am Rand des Schwimmbeckens. Niemand wollte als Erster ins Wasser. **(doch)**

_____

_____

Zuerst wollten sie ins Kino gehen. Danach war noch der Besuch der Eisdiele geplant. **(und)**

_____

_____

Das Konzert musste verschoben werden. Die Musiker waren leider erkrankt. **(denn)**

_____

_____

2 In den folgenden Beispielen wurden jeweils zwei Hauptsätze verbunden.
  a) Unterstreiche die Prädikate und setze die Sinneinheiten in Klammern.   [ ]
  b) Markiere die verbindende Konjunktion und setze das fehlende Komma.

Es ist schon Ende November aber immer noch tragen viele Laubbäume ihre Blätter.

Ich finde Schnee und Skifahren gut doch lieber mag ich das Baden im Sommer.

Im Fernsehen gucke ich gern Fußballspiele denn ich spiele selbst Fußball im Verein.

Ich wäre gern ins Kino gegangen aber leider musste ich für die Klassenarbeit lernen.

💡 Das Komma zwischen Haupt- und Nebensatz setzen

- Ein Nebensatz bezieht sich inhaltlich auf einen Hauptsatz.
- Man erkennt den **Nebensatz** an **Konjunktionen** wie *als*, *weil*, *nachdem*, *obwohl*, *wenn*, *da*, *dass*, *ob*, *sodass*. Haupt- und Nebensatz trennt man **immer** durch ein **Komma**:

      Hauptsatz   Nebensatz

[Nele schwimmt so toll] **,** *[weil sie in einem Verein trainiert]*.

       Prädikat   Konjunktion   Prädikat

- Der Nebensatz kann auch vor dem Hauptsatz stehen:

          Nebensatz   Hauptsatz

[Weil sie in einem Verein trainiert] **,** *[schwimmt Nele so toll]*.

- So setzt du das Komma zwischen Haupt- und Nebensatz (Strategie **Sinneinheiten erkennen**): **[ ]**
  - **Unterstreiche** die **Prädikate**. **Setze alle Wörter, die zu den Prädikaten gehören, in eckige Klammern.** Das sind die **Sinneinheiten**.
  - Prüfe, ob es eine **Konjunktion** (**als, weil, nachdem** ...) gibt. Markiere sie.
  - Setze das **Komma am Ende der ersten Sinneinheit**:
    [Ich freue mich] **,** *[da ich pünktlich bin]*. | *[**Da** ich pünktlich bin]* **,** *[freue ich mich]*.

---

1   In jedem Satz fehlt ein Komma.
    a) Unterstreiche die Prädikate und setze die Sinneinheiten in Klammern.
    b) Markiere die Konjunktion am Anfang des Nebensatzes.
    c) Setze in jedem Satz das fehlende Komma

    A) Die Fähre hatte schon abgelegt als wir am Hafen ankamen.

    B) Wir haben das Schiff verpasst obwohl wir rechtzeitig losgefahren sind.

    C) Wir hätten die Fähre noch erreicht wenn wir keinen Stau gehabt hätten.

    D) Wir haben uns den Hafen angeguckt weil wir noch warten mussten.

    E) Unsere Reise ging erst weiter nachdem die nächste Fähre angelegt hatte.

2   Stelle die Sätze B und C so um, dass sie mit dem Nebensatz beginnen. Denke an das Komma am Ende des Nebensatzes: *Als* wir am Hafen ankamen, hatte die Fähre schon abgelegt.

Obwohl

3   Setze in den folgenden Sätzen die fehlenden Kommas.

Wir waren froh als wir nach einer Stunde von der Fähre fahren konnten.

Weil wir uns aber so verspätet hatten mussten wir uns nun sehr beeilen.

Obwohl wir noch zwei Stunden fahren mussten erreichten wir pünktlich unser Ziel.

In Zukunft sollten wir noch früher starten wenn wir diesen Stress vermeiden wollen.

💡 Das Komma bei dass-Sätzen setzen

- Stehen im **Hauptsatz Verben des Sagens, Fühlens oder Denkens,** folgt oft
  ein **Nebensatz mit der Konjunktion** *dass*.
- Solche Verben sind *sagen, meinen, finden, merken, denken, wissen, hoffen, fürchten ...*
- Nebensätze, die mit *dass* eingeleitet werden, trennst du mit einem **Komma** vom Hauptsatz ab.

  [Finn meint] **,** [dass das nicht richtig ist].

     Hauptsatz   Nebensatz mit *dass*

- Der Nebensatz mit *dass* kann **auch vor dem Hauptsatz** stehen:

  [Dass das nicht richtig ist] **,** [meint Finn].

     Nebensatz mit *dass*   Hauptsatz

- So prüfst du die Kommasetzung bei dass-Sätzen:
  - Wende wie bei Haupt- und Nebensätzen die Strategie **Sinneinheiten erkennen** an.   [ ]
  - Prüfe, ob die **Konjunktion dass** verwendet wird. Markiere sie.
  - Setze das **Komma am Ende der ersten Sinneinheit:**

    [Finn findet] **,** [dass Hunde tolle Tiere sind]. | **[Dass Hunde tolle Tiere sind] ,** [findet Finn].

---

1   In jedem Satz fehlt ein Komma.
- **a)** Ermittle die Sinneinheiten.   [ ]
- **b)** Kreise das Verb des Hauptsatzes ein.
- **c)** Markiere die Konjunktion *dass* am Anfang des Nebensatzes.
- **d)** Setze in jedem Satz das fehlende Komma.

Ich hoffe sehr dass wir bald einen kleinen Hund als Haustier erhalten.

Meine Mutter meint dass wir noch ein wenig warten sollten.

Sie findet dass wir uns erst nach dem Urlaub einen Welpen holen sollten.

Mein Vater fürchtet dass ein junger Hund unsere Möbel anbeißen könnte.

Ich denke dass wir trotzdem nicht auf einen Hund verzichten sollten.

2   Auch wenn Sätze mit *dass* beginnen, muss ein Komma gesetzt werden.
- **a)** Ermittle die Sinneinheiten und setze die fehlenden Kommas.   [ ]
- **b)** Stelle die Sätze so um, dass sie mit dem Hauptsatz beginnen. Achte auf das Komma.

Dass ihre Oma zu Besuch kommt findet Nele gut.

_____

Dass es beim Fußballspiel regnen würde hatte Fenno schon befürchtet.

_____

Dass er seine Sportschuhe vergessen hatte bemerkte er erst im Schulbus.

_____

Dass der Klimawandel unser Leben ändern wird glauben viele Menschen.

_____

⚡ Wissen anwenden

1 Zwischen den Haupt- und Nebensätzen fehlen die Kommas.

Hochwasser

Die Flüsse waren über die Ufer getreten nachdem es seit Tagen geregnet hatte. Noch hielten die Deiche dem Wasser stand obwohl die Flut immer höher stieg. Feuerwehrleute befestigten sie mit Sandsäcken da sie eine Überschwemmung verhindern wollten. Niemand hatte erwartet dass der Wasserstand so schnell ansteigen würde. Viele Anwohner hatten große Angst weil die Deiche inzwischen sehr durchnässt waren. Sie befürchteten zu Recht dass dieser Schutzwall unterspült werden könnte.

a) Unterstreiche die Prädikate und setze die Sinneinheiten in eckige Klammern (Strategie **Sinneinheiten erkennen**).

[ ]

b) Markiere die Konjunktionen.

c) Setze die fehlenden Kommas.

2 Schreibe die Sätze oben so auf, dass sie mit dem Nebensatz beginnen. Denke an die Kommas.

_____

_____

_____

_____

_____

_____

_____

_____

3 Verbinde die folgenden Hauptsätze mit der Konjunktion und setze die fehlenden Kommas. [ ]

Es hatte aufgehört zu regnen. Die Gefahr war noch nicht gebannt. **(aber)**

_____

Der Wasserpegel stieg nicht mehr. Der Wasserdruck auf die Deiche war noch hoch. **(doch)**

_____

Weitere Sandsäcke wurden nicht benötigt. Die Anwohner konnten ein wenig aufatmen. **(und)**

_____

🔍 Überprüfe dich selbst!

1   Welche der folgenden Aussagen sind richtig? Kreuze an.   /2

☐ Mit der Konjunktion *aber* verbindet man Hauptsätze.

☐ Mit der Konjunktion *dass* verbindet man Hauptsätze.

☐ Zwischen zwei Hauptsätzen steht nie ein Komma.

☐ Bei einem Nebensatz, der mit *dass* beginnt, steht ein Komma.

2   Schreibe zwei Konjunktionen auf, die Hauptsätze verbinden.   /2

_____

3   Schreibe vier Konjunktionen auf, die Haupt- und Nebensätze verbinden.   /4

_____

4   Zwischen den Haupt- und Nebensätzen fehlen die Kommas.

Mir fällt das Lernen von Vokabeln schwer wenn ich durch Musik abgelenkt werde.

In meiner Freizeit höre ich gern Musik weil sie für gute Laune sorgt.

Gitarrenklänge mag ich besonders gern obwohl ich keine Gitarre spiele.

a) Ermittle die Sinneinheiten mithilfe der dir bekannten Strategie.

b) Markiere die Konjunktionen.   /3

c) Setze die Kommas.   /3

d) Stelle die Sätze so um, dass sie mit dem Nebensatz beginnen.   /3

_____

_____

_____

_____

5 a) Füge in die Sätze die fehlenden Kommas ein. Arbeite mit der dir bekannten Strategie.   /2

Dass wir morgen eine Klassenarbeit schreiben habe ich nicht gesagt.

Dass wir bald eine Klassenarbeit schreiben werden befürchte ich jedoch.

b) Stelle die Sätze so um, dass der Hauptsatz am Anfang steht.   /2

_____

_____

/21

💡 Zeichen der wörtlichen Rede richtig setzen

- Bei der wörtlichen Rede unterscheidest du zwischen dem **Begleitsatz** und dem **Redeteil**.
- **Nach einem vorangestellten Begleitsatz** steht immer ein **Doppelpunkt**.
- Das **erste Wort im Redeteil** schreibst du **groß**.

_ _ _ _ _ _ _ _ _ _ _ _ _ _ _ : „_ _ _ _ _ _ _ _ _ _ _ _ _ ."
vorangestellter Begleitsatz   Redeteil

- Der **Begleitsatz** kann auch **nach dem Redeteil** stehen.
  Dann trennst du die beiden durch ein **Komma**. **Nach dem Komma** schreibst du **klein** weiter.
- Am Ende des Redeteils kann ein Fragezeichen oder ein Ausrufezeichen stehen, aber nie ein Punkt.

„_ _ _ _ _ _ _ _ ", _ _ _ _ _ _ _ .   „_ _ _ _ _ _ _ ? ", _ _ _ _ _ _ _ .   „_ _ _ _ _ _ _ ! ", _ _ _ _ _ _ _ .
   Redeteil   Begleitsatz   Redeteil   Begleitsatz   Redeteil   Begleitsatz

- So setzt du die Zeichen der wörtlichen Rede:
  - **Markiere** den **Redeteil** und den **Begleitsatz** in verschiedenen Farben.
  - **Setze danach** die **Zeichen** der wörtlichen Rede.

1   Die folgenden Sätze beginnen mit dem Begleitsatz.
   a) Markiere die Begleitsätze und die Redeteile in verschiedenen Farben.
   b) Setze alle fehlenden Satzzeichen.
     Achtung: Du musst auch ein Fragezeichen und ein Ausrufezeichen setzen.

     Ben erzählt stolz Ich habe gestern ein Handy bekommen

     Luca fragt erstaunt Hast du das von deinen Eltern bekommen

     Ben ruft ihm im Weggehen zu Nein, mein Opa hat mir sein altes Handy geschenkt

2   Stelle die Sätze aus Aufgabe 1 so um, dass sie mit dem Redeteil beginnen. Setze anschließend alle Zeichen. Beachte die Regeln bei einem nachgestellten Begleitsatz.

_____

_____

_____

_____

3   **a)** Markiere in dem Text die Begleitsätze und die Redeteile in verschiedenen Farben.
   b) Setze dann die fehlenden Zeichen ein.

     Hannah geht zu ihrer Mutter und fragt Mama, darf ich morgen Nachmittag mit Mia ins

     Kino gehen? Von mir aus, wenn du alle Hausaufgaben vorher erledigt hast erwidert ihre

     Mutter. Das bekomme ich hin, da ich vieles schon heute machen kann meint Hannah

     ganz zuversichtlich. Ihre Mutter fragt noch einmal nach Musst du nicht auch noch für die

     Englischarbeit üben? Das mache ich heute auch noch. Außerdem schreiben wir die Arbeit erst

     nächste Woche antwortet Hannah. Na, wenn das so ist, dann kann ich wohl nichts dagegen

     haben stellt ihre Mutter lachend fest. Danke, Mama hört man Hannah im Weggehen rufen.

Zeichen beim eingeschobenen Begleitsatz richtig setzen

- Bei der wörtlichen Rede kann ein Begleitsatz in einen Redeteil eingeschoben werden.

  „Morgen werde ich", meint Leon mit ernster Miene, „noch früher aufstehen."

      Redeteil I   Begleitsatz   Redeteil II

- **Vor** und **hinter dem Begleitsatz** steht immer ein **Komma**.
- Die **Anführungszeichen** stehen immer **am Anfang und Ende jedes Redeteils**.
- Am **Ende von Redeteil II** steht ein **Punkt**, ein **Ausrufezeichen** oder ein **Fragezeichen**.
- So setzt du die Zeichen der wörtlichen Rede:
  - **Markiere** den **Redeteil** und den **Begleitsatz** in verschiedenen Farben.
    Denke daran, dass der Redeteil nach dem Begleitsatz weitergehen kann.
  - **Setze danach** die **Zeichen** der wörtlichen Rede.

1 In den folgenden Sätzen wurde immer ein Begleitsatz in den Redeteil eingeschoben.
  a) Markiere die Redeteile und den Begleitsatz mit unterschiedlichen Farben.
  b) Setze anschließend alle Zeichen.

    A) Morgen Nachmittag meinte Mia zu ihrer Freundin treffen wir uns um drei Uhr

    B) Das soll fragte Luca ganz erstaunt wirklich alles gewesen sein

    C) Ihr müsst erklärte der Sportlehrer in Zukunft rechtzeitig in der Sporthalle sein

    D) Heute Nachmittag rief Torben seinen Freunden zu könnt ihr zu mir kommen

    E) Fährt der Zug fragte der Reisende den Schaffner heute von Gleis 7

    F) Vom letzten Training stöhnte Emma laut habe ich immer noch Muskelkater

2 Stelle die Sätze A, B und C so um, dass sie mit dem Begleitsatz beginnen.
Setze dabei alle Zeichen passend ein.

_____

_____

_____

_____

_____

3 Stelle die Sätze D, E und F so um, dass der Begleitsatz nachgestellt ist.
Setze dabei alle Zeichen passend ein.

_____

_____

_____

_____

_____

💡 Wissen anwenden

1 In den Sätzen fehlen die Zeichen der wörtlichen Rede.

Im Kaufhaus

Ella steht vor der Rolltreppe und ruft ihrer Freundin zu Wir müssen ins nächste Stockwerk fahren. Dort gibt es Schals Mia fragt Warum bist du dir so sicher Ella zeigt auf ein beleuchtetes Hinweisschild und sagt Hier steht Damenbekleidung im 3. Stock Hannah lacht und erklärt Na ja, Damen sind wir noch nicht, aber du könntest Recht haben Mia stellt fest Es ist gar nicht so leicht, sich in einem so großen Kaufhaus zurechtzufinden Im 3. Stock fragt Ella eine Verkäuferin Entschuldigung, ich suche nach einem Schal für mich. Wo kann ich hier die Schals finden

a) Markiere die Begleitsätze und die Redeteile in unterschiedlichen Farben.
Achtung: Manchmal bestehen die Redeteile aus zwei Sätzen.
b) Setze die fehlenden Satzzeichen ein.

2 a) Markiere auch in den folgenden Sätzen die Redeteile und setze die fehlenden Zeichen.

A) Die Verkäuferin erwidert freundlich Oh, das tut mir leid, die Schals sind im Erdgeschoss

B) Ella fragt erstaunt Aber hier ist doch die Damenabteilung

b) Stelle die Sätze so um, dass sie mit dem Redeteil beginnen. Denke an die passenden Zeichen.

A)

B)

3 a) Markiere in den Sätzen C und D die Redeteile. Setze dann die fehlenden Zeichen.
b) Formuliere die Sätze so um, dass der Begleitsatz eingeschoben wird. Setze dabei die richtigen Zeichen.

C) Die Verkäuferin entgegnet Das stimmt, aber die Schals sind unten bei den Strümpfen

D) Ella ruft Mia zu Du hast Recht, es ist nicht einfach, sich hier zurechtzufinden

🔍 Überprüfe dich selbst!

1 Welche drei Aussagen sind richtig? Kreuze an. /3

☐ Im Begleitsatz steht, wer etwas sagt.
☐ Im Redeteil steht, was jemand sagt.
☐ Im Redeteil steht, wer etwas sagt.
☐ Der Begleitsatz steht immer hinter dem Redeteil.
☐ Der Begleitsatz kann in den Redeteil eingeschoben werden.

2 a) Markiere in dem Gespräch die Begleitsätze gelb und die Redeteile blau. /3

b) Setze die Zeichen der wörtlichen Rede an den passenden Stellen ein. /3

Leas Mutter ruft laut aus dem Garten Lea, bring mir bitte die Schere aus der Küche

Muss das sofort sein fragt Lea ein wenig genervt

Ja, ich will nicht erwidert ihre Mutter mit schmutzigen Schuhen ins Haus kommen

3 Stelle den folgenden Satz so um, dass der Redeteil vor dem Begleitsatz steht. /1
Setze dabei die richtigen Zeichen ein.

Jona ruft Ben zu: „Bring heute Nachmittag deinen neuen Fußball mit!"

_____

4 Stelle den Satz so um, dass der Begleitsatz in den Redeteil eingeschoben ist. /1
Setze dabei die richtigen Zeichen ein.

Lea meint: „Ich muss vor unserem Treffen erst meine Hausaufgaben machen."

_____

5 a) Ordne die Sätze A, B und C den Mustern unten zu. /3
Achte auf die Satzschlusszeichen des Redeteils.

b) Schreibe die Sätze A–C passend zu dem Muster mit den richtigen Zeichen auf. /3
Formuliere dazu mit dem Namen einen Begleitsatz mit einem passenden Verb.

A) Jan   Gib mir sofort die Tasche zurück
B) Jana Morgen soll es 30 Grad warm werden
C) Tim   Warum bist du heute Morgen nicht im Bus gewesen

Satz _____ „_____?", _ _ _ _ _ .

_____

Satz _____ _ _ _ _ _ _ : „_____!"

_____

Satz _____ „_____", _ _ _ _ _ , „_____."

_____

/17

💡 Wörter richtig trennen

- **Mehrsilbige Wörter** kann man **am Zeilenende** mit einem Silbenstrich **trennen**. Im Allgemeinen macht man dies **nach Sprechsilben**: *ra-sie-ren*.
- Folgen in einem Wortteil mehrere Konsonanten aufeinander, schreibt man den **letzten Konsonanten auf die nächste Zeile**: *Far-be, rupf-te*.
- **Zusammengesetzte Wörter** trennt man nach ihren **Wortbausteinen**: *Erd-loch, ver-kauft, ent-täuscht*.
- **Einzelne Vokale** am Wortanfang oder Wortende darf man nicht abtrennen: *oben, scheue, Ra-dio*.
- Die **Buchstabenverbindungen *ch*, *ck*** und ***sch*** trennt man auch nicht: *la-chen, le-cker, na-schen, Kö-che, Rö-cke*.
- So gehst du bei der Worttrennung vor:
  - Ermittle die **Sprechsilben**. Sprich dazu das Wort langsam aus. (Strategie **Silben schwingen**).
  - Achte bei zusammengesetzten Wörtern auf ihre **Bausteine**.
  - Trenne **keine einzelnen Buchstaben** ab.
  - Trenne **nicht die Buchstaben *ch*, *ck*** und ***sch***.

1 Gliedere die Wörter nach Sprechsilben.

traurig	verletzen	Fahrkarte	zurückgehen
Zugvögel	Reise	Handschuh	Sonnenstrahlen
aufgeben	endlich	Wiederholung	absichtlich
rosten	ungewöhnlich	Fahrradlenker	Bilderrahmenrand
Senfglas	Ringfinger	Stirnlampe	Tortenheber
Butterbrot	Gürtelschnalle	Goldfisch	Schnürsenkel

a) Sprich die Wörter langsam aus. Füge hinter jeder Sprechsilbe einen senkrechten Strich ein.

b) Schreibe die Wörter mit Silbentrennungsstrichen auf. Ordne sie dabei den Überschriften zu.

Wörter mit einem Silbenstrich: _____

_____

Wörter mit zwei Silbenstrichen: _____

_____

Wörter mit drei Silbenstrichen: _____

_____

Ein Wort mit mehr als drei Silbenstrichen: _____

Wissen anwenden

1 Eine Silbentrennung ist nicht nach allen Sprechsilben erlaubt.

Schneeflocke	versprechen	Abenteuer	Flasche
waschen	Abendsonne	Hocker	auslachen
Uferrand	erblicken	Verbrecher	überlegen
Tasche	Tücher	umknicken	vertuschen

a) Prüfe, nach welchen Silben bei diesen Wörtern eine Trennung möglich ist.
Wenn du unsicher bist, lies noch einmal den Merkkasten auf Seite 47.

b) Ordne die Wörter den Überschriften zu. Schreibe sie mit Silbenstrichen auf.

Wörter mit *ck*:   Schnee - flo - cke,

Wörter mit *ch*:

Wörter mit *sch*:

Wörter mit einem einzelnen Vokal in der Sprechsilbe:

2 Die Wörter am Ende der Zeilen sind falsch getrennt.
Schreibe das Wort in der richtigen Trennung auf die Linie daneben.

Im Erlebnispark

Zu Bens Geburtstag hatten sich seine Eltern eine tolle Ü-
berraschung ausgedacht. Sie wollten mit ihm den ganz-
en Tag in einem Erlebnispark verbringen. Da es ein Sonna-
bend war, konnten sie schon vormittags mit ihrer Unternehm-
ung starten. Um nicht nur gemeinsam mit den Eltern den Abent-
euertag zu verbringen, durfte Ben vier seiner Freunde einlad-
en. Das fand er natürlich toll. Um alle zu transportieren, mussten seine Eltern allerdings mit zwei Autos fahren. Sie pa-
ssten nicht alle in ein Fahrzeug. Im Park gab es viel zu entdec-
ken. Ben und seine Freunde genossen den Tag und sie nut-
zten die Angebote des Parks voll aus. Es war ein toller Tag, a-
ber auch er hatte nachmittags ein Ende.

🔍 Überprüfe dich selbst!

1   Welche beiden Aussagen sind richtig? Kreuze sie an.   /2

- ☐ Man trennt Wörter immer nach Sprechsilben.
- ☐ Die Buchstabenkombination *ch* trennt man nie.
- ☐ Die Buchstabenkombination *st* trennt man nie.
- ☐ Man trennt nie einen einzelnen Vokal am Wortanfang oder Wortende ab.

2   Trenne die folgenden Wörter. Schreibe sie dazu mit Silbenstrichen auf.   /6

Überraschung _____   Fenstersprossen _____

Vergangenheit _____   überbrücken _____

Wiederholung _____   abbürsten _____

3   Diese Wörter wurden falsch getrennt.

   A) Ra-di-o-sen-der   B) Brief-mark-en

_____   _____

a) Schreibe die Wörter in der richtigen Trennung unter die Wörter.   /2

b) Begründe, warum die Trennungen falsch waren.   /2

Die Trennung in Wort A ist falsch, weil _____

_____

Die Trennung in Wort B ist falsch, weil die _____

_____

4   Die folgenden Wörter sind falsch getrennt.   /6
Schreibe die Wörter mit richtig gesetzten Silbenstrichen auf.

weg-guc-ken _____

Rit-ter-rü-stung _____

A-bend-son-ne _____

Ver-ab-schied-ung _____

ve-rant-wort-lich _____

Tasch-en-lam-pe _____

/18

49

Selbsteinschätzungsbogen

- Kreuze Übungen an, die du schon erledigt hast.
- Wie leicht oder wie schwer fielen dir die Übungen? Kreise den passenden Smiley ein.
- Bearbeite weitere Übungen, wenn nötig (→ ☺ ☹). Gehe dazu auf *www.Westermann.de/webcode*. Gib dort den entsprechenden Webcode (z. B. **WES-124136-001**) aus der dritten Spalte ein.

Das habe ich geübt:	So beurteile ich mich:			Hier kann ich weiterüben:
☐ Auf die Silben eines Wortes achten	☺	☺	☹	WES-124136-001
☐ Wörter mit Doppelkonsonanten erkennen	☺	☺	☹	WES-124136-002
☐ Wörter mit ck und k richtig schreiben	☺	☺	☹	WES-124136-003
☐ Wörter mit tz und z richtig schreiben	☺	☺	☹	WES-124136-004
☐ Wörter mit ss und ß richtig schreiben	☺	☺	☹	WES-124136-005
☐ Wörter mit ä/e richtig schreiben	☺	☺	☹	WES-124136-006
☐ Wörter mit äu/eu richtig schreiben	☺	☺	☹	WES-124136-007
☐ Wörter mit b, d, g am Ende richtig schreiben	☺	☺	☹	WES-124136-008
☐ Wörter mit silbentrennendem h erkennen	☺	☺	☹	WES-124136-009
☐ Wörter mit s und ß richtig schreiben	☺	☺	☹	WES-124136-010
☐ Wörter mit -ig und -lich richtig schreiben	☺	☺	☹	WES-124136-011
☐ Zusammengesetzte Wörter richtig schreiben	☺	☺	☹	WES-124136-012
☐ Vorsilben richtig schreiben	☺	☺	☹	WES-124136-013
☐ Wörter mit End- und end- richtig schreiben	☺	☺	☹	WES-124136-014
☐ Wörter mit Dehnungs-h richtig schreiben	☺	☺	☹	WES-124136-015
☐ Wörter mit x, ks, chs, cks richtig schreiben	☺	☺	☹	WES-124136-016
☐ Wörter mit aa, ee, oo richtig schreiben	☺	☺	☹	WES-124136-017
☐ Wörter mit einfachem i richtig schreiben	☺	☺	☹	WES-124136-018
☐ Signale für Großschreibung erkennen	☺	☺	☹	WES-124136-019
☐ Adjektive werden zu Nomen	☺	☺	☹	WES-124136-020
☐ Verben werden zu Nomen	☺	☺	☹	WES-124136-021
☐ Zeitangaben richtig schreiben	☺	☺	☹	WES-124136-022
☐ Das Komma bei Hauptsätzen setzen	☺	☺	☹	WES-124136-023
☐ Das Komma zwischen Haupt- und Nebensatz setzen	☺	☺	☹	WES-124136-024
☐ Das Komma bei dass-Sätzen setzen	☺	☺	☹	WES-124136-025
☐ Zeichen der wörtlichen Rede richtig setzen	☺	☺	☹	WES-124136-026
☐ Zeichen bei eingeschobenem Begleitsatz setzen	☺	☺	☹	
☐ Wörter richtig trennen	☺	☺	☹	WES-124136-027

💡 Die Strategien im Überblick

〰️ Mit der Strategie **Silben schwingen** kannst du ein Wort in Silben gliedern und es genauer untersuchen (→ S. 4): der *Ku gel schrei ber*.

• Mit der Strategie **Lange und kurze Vokale/Umlaute erkennen** findest du heraus, ob du einen Vokal oder Umlaut lang oder kurz sprichst (→ S. 4):
die *Do se* (= offene Silbe und langer Vokal),
die *Pap pe* (= geschlossene Silbe und kurzer Vokal).

⚡ Mit der Strategie **Ableiten** prüfst du die Schreibweise eines Wortes mithilfe von verwandten Wörtern. Du leitest dir also die Schreibweise ab (→ S. 11–12):
die *Äpfel* → der *Apfel*; die *Läuse* → die *Laus*.

↪️ Mithilfe der Strategie **Verlängern** hörst du, mit welchen Buchstaben ein Wort am Ende geschrieben wird (→ S. 15–18): *der Sieg* → *die Siege*; *er lobt* → *wir loben*;
wild → *der wilde Hund*; *durstig* → *durstiger*; *das Glas* → *die Gläser*; *das Reh* → *die Rehe*.

M Manchmal kannst du die Schreibweise eines Wortes nicht mithilfe einer Strategie herleiten (z. B. Wörter mit Dehnungs-h). Solche Wörter sind **Merkwörter**.
Du musst dir ihre Schreibweise durch Üben einprägen (→ S. 26–29).

🔑 Die Strategie **Wörter zerlegen** hilft dir bei zusammengesetzten Wörtern. Du zerlegst sie in ihre Bestandteile, um die Schreibweise genauer zu untersuchen (→ S. 21):
der Türrahmen → *die Tür* + *der Rahmen*,
der Liebesbrief → *die Liebe* + *s* + *der Brief*.

⊟ Die Strategie **Auf Wortbausteine achten** hilft dir, die Schreibweise eines Wortes mit Vor- oder Nachsilben zu ermitteln (→ S. 22–23): *ge* + *fähr* + **lich**, *die* **Ent** + *lass* + **ung**.

Ww Mithilfe der Strategie **Signale für Großschreibung beachten** erkennst du, ob ein Wort ein Nomen ist und daher großgeschrieben werden muss (→ S. 32–35):
der **H**ut, *meine* **T**asche, *schöne* **S**timme, *beim* **B**äcker, *die* **H**offnung.

[ ] Mithilfe der Strategie **Sinneinheiten erkennen** prüfst du, wo ein Satz beginnt und endet. So weißt du, welche Wörter du als Satzanfang großschreiben und wo du ein Satzschlusszeichen einsetzen musst:
[Lange saß Nicole auf der Mauer] . [Dann setzte sich Burkhard zu ihr] .
Die Strategie hilft dir auch bei der **Kommasetzung zwischen zwei Hauptsätzen** und **zwischen Haupt- und Nebensatz** (→ S. 38–40):
[Es ist spät] , [wir gehen]. [Wir gehen noch nicht], [obwohl es schon spät ist].

Wörterliste

abblättern
die Ähnlichkeit
die Ahnung
die Änderung
anscheinend
die Apfelsine
ärgern
aufführen
aufreißen
aushängen

das Band
bedeutend
die Beere
befiehlt
die Bekanntheit
die Bereitschaft
Bescheid (sagen)
die Beschwerde
beständig
(ein) bisschen
büßen

der Diebstahl
dröhnen
drüben

ebenso
eckig
ehrgeizig
die Ehrlichkeit
eigentlich
der Einfluss
das Element
entfernt
entnehmen
die Erklärung
ernähren
die Erwiderung

das Fahrrad
fernsehen
der Fleiß

fließen
flüssig
föhnen

ganz
gar nicht
die Geduld
gefährden
der Gegenstand
gesund
gleichzeitig
grässlich
grölen
grundsätzlich

die Hälfte
hängen
heftig
hohl

die Idee
das Interesse
irgendetwas
der Irrtum

die Jagd
die Jugend
jugendlich

das Kalb
der Kalender
kaputt
die Kapuze
knapp
kontrollieren
kürzen

die Lähmung
die Langeweile
der Lärm
langsam
die Leere
die Lehre

die Maschine
die Mehrheit
mehrmals
meistens
das Mitleid
das Modell

nachhaltig
die Nachrichten
nämlich
neblig
die Not

das Papier
persönlich
pfeifen
die Pflicht
pieksen
pulen

die Qual
die Qualität
der Quark
quetschen

rächen
reparieren
respektieren
rückwärts

schädlich
schärfen
das Schicksal
schlaff
schlängeln
schlank
schließen
schlimm
schonen
schrecklich
schweißen
die Sehne
seit

selbstverständlich
spannend
der Spaß
der Spaziergang
sprießen
spülen
spüren
stampfen
stumpf

täglich
die Technik
teilnehmen
die Temperatur
das Training
der Trick
trödeln
trotzdem

überraschen
überrumpeln
umständlich

die Verletzung
der Verlust
verraten
verrutschen
die Vielfalt
vielleicht

die Wahl
wählerisch
wahrscheinlich
widersprechen
der Widerstand
wirklich

zahlreich
zähmen
ziemlich
zügig